열정과 순결

PASSION AND PURITY

by Elisabeth Elliot

열정과 순결

엘리자베스 엘리엇 지음

양은순 옮김

좋은씨앗

Passion and Purity

Copyright ⓒ 1984, 2002 by Elisabeth Elliot Gren,
Published by:
Fleming H. Revell Company
Grand Rapids MI. USA
All rights reserved.

엘리자베스 엘리엇의 사랑학 노트
열정과 순결

초판 1쇄 발행 2012년 6월 30일
재조판 1쇄 인쇄 2020년 5월 15일
재조판 1쇄 발행 2020년 5월 25일

지은이 엘리자베스 엘리엇
옮긴이 양은순
펴낸이 신은철
펴낸곳 좋은씨앗
출판등록 제4-385호(1999. 12. 21)
주소 서울시 서초구 바우뫼로 156, 402호
주문전화 (02)2057-3041 주문팩스 (02)2057-3042
전자우편 good-seed21@daum.net
페이스북 facebook.com/goodseedbook

ISBN 978-89-5874-337-8 03230

ⓒ 좋은씨앗 2012

이 한국어판의 저작권은 저작권자 Elisabeth Elliot Gren과 독점 계약한
〈좋은씨앗〉에 있습니다. 신저작권법에 의해 한국 내에서 보호받는 저작물이므로
무단 전재와 무단 복제를 금합니다.

이 책을 사랑하는 아마존 독자들로부터

요즘 시대에 엘리자베스 엘리엇의 글이 구닥다리라고 생각하는 사람이 있을지도 모르겠지만, 이 책을 읽고 하나님께서 예비하신 '나만의 러브스토리'를 쓰고 싶어졌다. _ 루시

다섯 번이나 읽었다! 마음에 새겨두고 싶은 문장과 굉장히 솔직한 내용으로 인해 읽을 때마다 가슴이 벅차오르는 경험을 했다. 내 인생을 바꾼 책이다. _ 디더블유

내 짝을 만나는 바른 길로 안내해 주는 책이다. _ K. 올그렌

데이트를 하기 전에 이 책을 읽었더라면 하는 아쉬움이 들 정도다. 그랬다면 불필요한 고통과 어려움을 막을 수 있었을 텐데 말이다. 싱글인 친구들에게도 일독을 권하고 있다. 정확하고도 친절한 조언들로 가득하다. _ 아만다 케네디

연애 방법서가 아니라 마음과 태도를 점검하게 해주는 책이다. 근본적으로 하나님께 모든 것을 내려놓고 평안을 누리도록 도와준다. _ 스티브 기포드

지금 연애중이거나 앞으로 짝을 만나고 싶은 사람 모두 읽어야 할 책이다. 사랑에 빠진 여성이라면 저자가 말하고 있는 것 모두에 공감할 수 있을 것이다. _ 신디 톰슨

남자친구와 함께 읽었다. 하나님의 시각으로 볼 때 우리 두 사람의 관계 형성에 문제가 있다는 걸 깨달았다. 사람을 대하는 태도와 더불어 하나님과의 관계도 재정립하게 되었다. _ 무명의 독자

목차

추천의 글 | 루스 벨 그래함 · 9
옮긴이의 글 | 양은순 · 11
들어가면서 · 13

첫 번째 이야기 혼자로 살아가기
　독신이라니? 하나님, 제가요? · 23　내가 빚진 삶 · 29
　열정은 전쟁터이다 · 35　감당할 수 없는 감정 · 43
　하나님은 어디까지 원하시는가? · 50
　뱀의 설득 · 55　첫 번째 데이트 · 60
　죽지 않는 사랑 · 65　계시 · 69　하나님은 알고 계실까? · 74

두 번째 이야기 사랑이 찾아오다
　스며오는 통증과 같은 기다림 · 81
　침착한 기다림 · 85　희생의 제물 · 93
　열정보다 한층 더 높은 명예 · 98
　작은 죽음들 · 102　죽음에서 삶으로 · 107
　외로움을 이겨내는 법 · 112　하나님의 섭리 · 118
　반항의 신음소리 · 125　자기기만 · 131

세 번째 이야기 끝이 안 보이는 기다림

여성이 남성에게 어떻게 해야 하는가·143

남성들이 바라는 것은·151 우리가 만들어 놓은 엉망·158

뜨거운 땀과 부르튼 발·164 아무도 모르는 괴로움·170

기다리던 짐의 편지·175 자극적인 욕망·183

키스의 의미는?·187 그들은 아무것도 주의하지 않는다·192

아주 '작은' 죄·198

네 번째 이야기 열정과 순결의 열매

동굴과 타오르는 모닥불·205

거절하는 방법·210 두 쌍의 벌거벗은 다리·215

그의 탁월한 자기관리·221 조급함·224

나는 이제 순결한 당신을 소유하고 싶습니다·227

하나님의 약속을 붙잡고 있어라·231

하나님의 허락하심과 허락지 않으심·236

헷갈리는 움직임·242 연애편지·249

우리가 기다려왔던 우리의 하나님이시라·255

사랑을 떠나 관용으로·260

새로운 의미의 창조적인 행위·270

추천의 글

집에서 나의 귀가만을 기다리던 편지 꾸러미 속에서 전화를 부탁한 랄스 그렌의 쪽지가 눈에 띄었다. 그는 나의 가장 소중한 친구 중 한 사람이며, 또 한 명의 소중한 친구인 엘리자베스 엘리엇의 남편이기도 하다. 나는 곧바로 전화했다. 전화는 엘리자베스가 받았는데 남편이 메모를 남긴 사실을 모르고 있었다.

"혹시 다른 책을 쓰고 있나요?"라고 묻자 그녀는 어제 막 책 한 권을 끝낸 참이라고 했다. 책의 제목은 '열정과 순결'이었다. 나는 단박에 그 책이 때맞춰 적절한 시기에 나온 것임을 짐작할 수 있었다. 기대가 되었다. 랄스는 내가 바쁘지 않다면 엘리자베스 몰래 그 책을 미리 읽어보길 원했다. 나는 책에 관심이 갔다. 설사 바빴더라도 그의 제안을 흔쾌히 받아들였을 것이다.

원고의 사본이 도착하자마자 곧장 책을 훑어보았다. 첫 장부터 사로잡혔다. 생각했던 것과는 너무나 다른, 참신한 내용이었다. 엘리자베스가 쓴 것이니만큼 수준은 보장된 것이리라.

책에는 자신의 사랑을 하나님의 권위에 맡기라는 내용이 담겨있었다. 그녀는 개인적인 경험들을 바탕으로 한 예화들과 짐과 주고받았던 아름다운 편지들을 적절히 활용하여, 자칫 권위적일 수 있는 내용을 부드럽고 따뜻하게 펼쳐보였다. 날카로움과 조화된 절제력이 잘 돋보였다. 자신의 풍부한 내면세계를 펼쳐 보이며 적절한 성경 구절을 섞어 놓았고 아름다운 시와 유명한 작가들의 명언도 잊지 않았다. 책의 내용과 삽입된 구절들이 너무 잘 맞아떨어져서 이해하기가 한층 수월했다. 앉은 자리에서 다 읽었다.

젊은이들뿐 아니라 기성세대 모두가 겪고 있는 성에 대한 혼란과 신자와 불신자 모두의 잘못된 성문화 속에서, 엘리자베스와 짐의 아름답고 성공적인 이성 관계를 간접적으로나마 경험할 수 있었으면 한다. 물론 혹자들은 그들의 이야기는 하나님의 원리를 아주 완벽하게 따랐던 '다른 세계의 논리'라고 할 수도 있겠지만.

"비뚤어진 막대기를 가장 돋보이게 하는 것은 그 옆에 놓인 곧은 막대기이다"라고 누군가가 말한 적이 있다. 엘리자베스는 오늘날의 비뚤어진 성문화를 비판하는 대신, 그 옆에 자신의 곧은 막대기를 세워놓았다.

_루스 벨 그래함

옮긴이의 글

저자를 처음 대한 것은 30여 년 전, 에콰도르 선교에 관한 감동적인 간증을 통해서였다. 남편이 선교사로 현지에 도착하자마자 원주민의 창에 찔려 순교하고, 홀로 된 젊은 아내는 현지에 들어가 복음을 전하며 남편을 죽인 원주민을 그 지역의 목사로 만든 놀라운 간증의 주인공 엘리자베스 엘리엇. 그 여인이 결혼하기 전, 사랑하는 사람을 그리워하며 하나님의 말씀에 순종하기 위해 몸과 마음의 순결을 지키려고 갈등했던 이야기를 번역하게 되어 감회가 남달랐다.

개방적이고 자유분방한 현대의 젊은이들에게 지나칠 만큼 높은 도덕성을 지닌 저자의 외침이 희미하게 들릴 것 같아 걱정되기도 하지만 "살아 있고 운동력이 있는" 하나님의 말씀과 부활하신 우리 주 예수 그리스도, 지금도 역사하시는 성령님 그리고 하나님께 쓰임 받길 원하는 헌신된 젊은이들이 있기에 분주한 일정 속에서 기울인 나의 작은 노력이 헛되지 않으리라 생각한다.

'명예로운 그리스도인'으로 하나님께 더욱 헌신하여 살기 원하는 이 땅의 모든 젊은이들에게 이 책을 권하고 싶다.

_양은순

들어가면서

내가 젊을 때 그것은 '사귄다'라든지 '애정'이라고 불렀다. 요즘에는 '관계를 맺는다'라고 부른다. 사랑은 때를 잘못 만났다. 너무 많은 사람들에게 그것은, 상대방이 남자이건 여자이건 간에 단지 누군가와 성관계를 맺는다는 것쯤으로 인식되고 있다.

요즘에는 빨간 하트 표시가 사랑이란 단어를 대신하며 그 대상은 천차만별이다. 많은 교회에서 예배 전에 교인들로 하여금 서로 마주보게 하고 "하나님은 당신을 사랑하십니다. 그리고 저도요."라고 말한 후 그것을 증명이라도 하듯이 서로 꼭 껴안도록 하는 시간을 갖는다.

몇몇 사람들에게 이러한 행위는 하나님이 인간에게 내리신 가장 어려운 명령인 "내가 너를 사랑한 것과 같이 너도 남을 사랑하라!"는 말씀을 몸소 행했다는 기쁨을 줄지도 모른다.

요즘 사람들이 이성에게 느끼는 자신의 감정에 대해 명확히 설명하지 못하는 이유도 그럼직하다. 그것은 그저 새롭다. 산뜻하다. 신선하기도 하다. 그리고 특별하게 느껴진다.

"뭐가 그리도 특별한데?" 나는 가끔 묻는다.

"에이, 잘 아시잖아요. 이런 관계…."

"정확히 어떤 관계인데?"

"저도 잘은 몰라요. 그런 거 있잖아요. 왜 그냥 아주 신선한… 그 무언가 말이에요."

얼마 전 한 여교사가 한 남자와 갖게 된 "발전적인 관계"에 대해 편지한 적이 있다. 그녀는 남자와 매일 같은 승합차로 출근하는 관계였다고 한다. 당시 그녀는 이사를 온 지 얼마 안 돼서 마음이 무척 어수선한 상태였다. 아직 그 남자와 자신이 어떤 관계이고 어디를 향해 가고 있는지 모른다고 했지만 편지에선 감정적으로 얽혀 있는 문제를 느낄 수 있었고, 그녀는 알고 싶은 것이 많았다.

"선생님은 그 당시 무슨 생각을 하고 무엇을 느꼈나요? 어떤 생각들이 머리를 스치고 지나갔나요? 감정이 이성과 충돌하지는 않았나요? 선생님의 조언이 제게 큰 힘이 될 것 같아요."

당연히 나는 시간을 내줄 용의가 있었다. 다른 세대에 살았던 사람의 잣대가 아직도 통할 것이라고 소망하는 편지들을 나는 끊임없이 받는다.

"하나님께 순종하는 것이 무엇인지 찾고 있는 젊은 여성입니다. 저에게는 지금 어떻게 해야 하나님이 기뻐하실지 아는 지혜가 필요합니다. 여태껏 저와 하나님과의 관계는 일방적이었어요. 같은 여성이자, 인생의 선배인 누군가의 신앙적 조언이 필요합니다. 이 문제에 당신이 도움이 되는 답변을 줄 수 있다고 믿습니다. 당신은 하나님의 제자인 줄로 믿고 답변을 기다리겠습니다."

"남성이 제 역할에 충실하지 않을 때, 어떻게 대처해야 할까요?"

"이 사람이 내 인생의 반려자라는 것을 어떻게 알 수 있나요?"

"결혼 약속을 하지 않은 상태에서 어디까지 관계를 맺어야 하나요?"

"미혼 여성의 역할은 무엇인가요? 그저 기다리는 건가요?"

"당신의 믿음은 전혀 흔들림이 없는 것 같아요. 저는 하나님께 '더 이상은 못하겠어요'라는 고백을 수없이 하곤 하는데…. 포기하기도 하죠. 화내기도 하고요. 당신은 이럴 때가 없나요? 다 놔버리고 싶은 때가 없나요?"

"짐과 함께하지 못한 오랜 세월 동안 그와 함께하고픈 욕망 때문에 괴로웠던 적은 없었나요?"

"짐과 떨어져 있을 때 당신이 미혼이라는 사실에 대해 고민해본 적은 없나요?"

"그 남자가 제 인생으로 들어오지 않았다면 저는 하나님께만 집중할 수 있었을 겁니다. 아무런 다툼도 없었을 테죠. 그 사실 때문에 저는 무척 괴롭습니다. 외롭기도 하고요. 가슴이 무너진 것처럼 엉엉 목놓아 울 때도 있어요. 이것도 하나님의 계획인 가요?"

"사랑하는 사람과 함께하고 싶은 욕망을 어떻게 조절했나요?"

나는 모든 편지들에 답장을 해준다. 답장을 쓸 때에는 내가 경험했던 교훈들을 생각하며 그것을 말로 설명하기 위해 부단히 노력한다. 지금 내게 편지 쓰는 사람들의 심정을 나는 정확히 알고 있다. 나 또한 한때 그랬으니까.

가끔 나의 답장들이 너무 딱 잘라 말하는 것처럼 들리지 않을까 걱정이 된다. 실제로 "너무 독단적이야. 인정이라고는 찾아볼 수 없어. 너무 강인한 타입이야. 나같이 괴로웠던 적은 없나 봐. 습관적으로 상담해 주는 사람들이란 이렇게 해라 저렇게 해라, 하나님을 믿어라 하고 나면 끝이지. 도저히 들어줄 수가 없어"라는 말들을 많이 들었다. 어느 땐 아주 우연히 엿듣게 되기도 한다. 강의가 끝난 후 식당에서도 들었고, 저자가 바로 옆에 있다는 것도 모른 채 도서관에서 내가 쓴 책을 훑어보는 학생들의 입을 통해서도 들었다.

그래서 내가 이런 내용들을 책으로 쓴다면 한 장짜리 편지글보다는 덜 갑갑하게 느껴지지 않을까 생각했다. 나 또한 감정을 느끼는 사람이란 것을 증명하기 위해서는 개인적인 얘기를 많이 써야겠다는 생각도 했다.

질퍽한 느낌 없이 써낼 수 있을까? 다른 사람이 읽으면서 나와 똑같은 감정을 느끼도록 잘 표현하고 단어를 제대로 사용할 수 있을까? 그러기를 바랐다. 하지만 그러기 위해서는 나 자신에 대한 부정적인 폭로가 따라야 했다. 나의 실수와 약점들, 나와 짐의 속마음까지 내비쳐야 했다. 빠짐없이 다 말했다고는 할 수 없겠지만 어쨌든 개인사를 털어놓는 것이 반드시 필요했다.

최근 5년에서 10년 사이에 나에게 온 편지들을 예문으로 사용했고 30년에서 35년 된 나의 일기도 일부분 공개했다. 짐이 내게 보냈던 편지들과 내 사상의 원칙들도 이 책에 담았다.

이 책의 주된 줄거리는 나와 짐이 5년 반 동안 나눈 사랑 이야기다. 또한 그 사이에 내가 배운 그리움과 외로움, 불안함과 희망, 믿음과 주님에 대한 신뢰의 원리가 담겨 있다. 어떠한 열정에 사로잡혀 있건 간에 우리는 그분 앞에서는 순수해야 한다는 것이다.

간단하게 말하자면 순결에 관한 책이기도 하다. 사랑의 열정을 느낀다고 해서 꼭 잠자리를 함께해야 하는 것은 아니다. 그 사실은 누구보다도 내가 잘 안다. 우리가 그 원리를 지켰으니까.

그렇다면 이미 잠자리를 한 사람들에겐 말할 게 아무것도 없다는 뜻인가? 그렇지 않다. 나의 독자들이 모두 처녀일 것이라고 생각한 적은 한 번도 없다. 이미 순결을 잃은 이들도 나에게 편지를 보낸다. 어떤 사람들은 자신은 영원히 순결한 사람이 될 수 없다며 절망감에 빠지기도 한다. 그들에게 이렇게 말한다.

"이 세상 누구도 예수님의 보혈 없이는 순결할 수 없다"라고. 인간은 모두 어쩔 수 없는 죄인이며 이 세상에 죄를 짓지 않는 사람은 없다. 다만 한 명이라도 죄를 더 짓는 것을 막을 수 있다면 하는 바람을 가져볼 뿐이라고. 이 책을 통해 모두가 예수님의 보혈로 새로 태어날 수 있으며, 그분 안에서 새로운 피조물로 새 삶을 영위할 수 있다는 사실을 알리고 싶다.

하나님의 원리 안에서의 성 생활은 전쟁터라고 표현해도 과언이 아니다. 그곳에서야말로 자신의 진정한 주인이 누구인지 확실해진다. 세상인지, 자신인지, 마귀인지, 아니면 우리 주 예수님인지.

이것이 오늘 내가 모험을 하는 이유이다. 나는 지금 이 책에 언급하려는 원리들을 삶에 적용할 기회가 세 번 있었다. 나는 세 번 결혼했다. 에콰도르의 숲속에서 원주민에게 죽은 짐 엘리엇, 암으로 사망한 애디슨 리치, 그리고 랄스 그렌. 랄스는 나와 6년간 함께 살고 있는데 짐이나 애디슨과 살았던 기간에 비하면 가장 길다. 그래서 랄스는 자기가 '선두 주자'라며 농담을 하기도 한다. 부디 그가 쭉 선두 주자가 되기를.

이 책에서 나는 이들 모두의 얘기를 하지 않겠다. 내가 하고 싶은 얘기는 짐과의 예화로 충분하기 때문이다. 다음은 이 책에서 주로 언급할 짐과 나의 관계에 대한 간단한 연대기다.

1947년 짐과 내가 일리노이 주 휘튼 대학의 학생 신분일 때, 짐이 크리스마스에 뉴저지에 있는 우리 집을 방문했다.
1948년 내가 졸업하기 바로 전, 짐이 내게 사랑을 고백했다.
여름 내가 오클라호마에 있는 동안 짐은 단기선교 팀과 함께 선교여행을 떠났다. 우리 사이에 연락할 길이 없었다.
가을 캐나다의 성경학교에 있던 나에게 짐이 편지를 보냈다.
1949년 짐이 졸업하고 오리건 주 포틀랜드에 있는 집으로 갔다. 내가 짐의 집을 방문했다.
1950년 짐이 선교사가 되기 위한 준비를 하러 집으로 갔다. 나는 플로리다에 머물렀다. 오빠 데이브의 결혼식 때문에 휘튼에서 재회, 이틀을 함께 보냈다.
1951년 선교사 훈련생 강의로 동부를 돌던 짐과 다시 뉴욕과 뉴저지에서 만났다.
1952년 2월 짐이 에콰도르로 떠났다.
4월 나도 에콰도르로 떠났다. 그곳에서 에콰도르 가족과 생활하며 스페인어를 익혔다.
8월 짐은 샨디아 지방의 정글 원주민들을 선교하기 위해 산미구엘로 이동했다.
1953년 1월 우리는 키토에서 만났다. 짐이 내게 청혼하고 우리는 약혼했다.

6월 나는 키추아어를 공부하기 위해 도스 리오스로 이사했다.

"키추아어를 배우기 전까지는 결혼을 할 수 없다"는 짐의 요구사항을 들어준 것이다.

10월 8일 우리는 키토에서 결혼식을 올렸다.

1955년 딸 발레리가 태어났다.

1956년 1월 8일 짐이 아우카 부족의 창에 찔려 순교했다.

첫 번째 이야기

혼자로 살아가기

: :

오늘날의 여성은 남성에게 무엇을 바라는가?

남성은 여성에게 무엇을 바라는가?

시대가 변했기에 이성에게 바라는 것들도 변한 걸까?

그렇다면 이성 관계에 대한 기본 원칙도 변한 걸까?

독신이라니? 하나님, 제가요?

창밖으로는 별로 볼 것이 없었다. 식당 밖에 놓인 쓰레기통 몇 개가 있을 뿐이다. 창문은 닫혀 있었지만, 바깥으로부터 들리는 아침이 내는 소음을 막아내지는 못했다. 그럼에도 나는 내 방이 생겼다는 기쁨에 입을 다물지 못하고 있었다. 오랫동안 탐내던 그 방을, 대학교 4학년이 되어서야 차지할 수 있었다. 방 한쪽 벽에는 침대와 책꽂이 그리고 서랍장이 놓여 있었고, 다른 한쪽에는 작은 램프가 놓인 책상이 있었다. 방은 작지만 조용해서 하나님과 둘만의 시간을 갖기에는 안성맞춤이었다.

나는 책상 앞에 앉아서 기도를 하거나 공부를 했고 가끔씩 창문 밖을 보면서 나무를 타고다니는 다람쥐들을 관찰하곤 했다. 가을이 끝날 무렵이면 다람쥐들은 겨울을 나기 위해 열심히 나무 위를 오르락내리락하며 무엇인가를 물어오느라 수선을 떨었다. 나뭇잎들은 제 색을 바꾸다가 결국 바닥에 떨어져 수북하게 쌓였다. 얼마 후에는 거리가 온통 눈으로 하얗게 덮였다.

당시 나는 책상 앞에 혼자 앉아 있는 것을 좋아했다. 지금도 가끔 책상 앞에 앉아 혼란의 시기를 겪고 있는 젊은이들이 보낸 편지를 읽고 있노라면, 그때의 나를 떠올리곤 한다. 당시 입었던 스타일의 옷들은 요즘 다시 유행하고 있다. 35년이 흘러 유행이 한 바퀴 돌았다. 나는 당시 블라우스와 치마 각각 두 벌뿐이었는데 사람들이 그걸 눈치 못 채게 하려고 잘 섞어가며 입었다. 수요일엔 옷이 정해진 날이라 모두가 똑같은 옷을 입었기 때문에 가장 편했다.

나는 머리 손질하는 데도 꽤 신경을 썼다. 내 머리카락은 금발에 생머리였고, 한 달에 거의 4센티 정도 자랐다. 그냥 그대로 두었으면 편했을 텐데 당시로서는 말도 안 되는 일이었다. 나는 머리에 '웨이브'를 주기 위해 열심히 노력했다. 내 용돈을 가지곤 1년에 한 번밖에 파마를 할 수 없었기에 내가 직접 웨이브를 만들어야 했다.

머리 모양에 그 정도로 신경을 썼으니 얼굴은 말할 것도 없었다. 보통 젊은 여성들처럼 나 또한 아름답게 보이길 원했다. 그래서 얼굴에 분을 바르고 입술에는 엷게 립스틱을 바르고 다녔다.

그 해는 어느 때보다 내 방이 필요한 시기였다. 앞으로 살아가는 데 있어 큰 힘이 될 몇 가지 일들을 꼭 이루어내야 했기 때문이다. 그 해 여름, 하나님께서 나를 선교사로 쓰기 원하시는지 확인하고자 비전을 놓고 기도하던 것을 멈췄다. 많은 고뇌와 기도의 시간 끝에 얻어낸 결론이었다. 나는 바다를 건너 집을 멀리 떠나야 한다거나 비가 새는 지붕 밑에서 살게 된다 해도 상관없었다. 다만 선교사의 삶이 나의 결정인지, 하나님의 결정인지를 알고 싶었다. 만약 선교사로 부름 받은 게 맞는 거라면, 의료 선교를 할 것인지 말씀을 전하는 전도사가 될 것인지에 대한 고민도 있었다. 결국 내린 결론은 하나님은 나를 선교사로 부르셨으며, 하나님께서 보내시는 곳 어디에서든 하나님의 말씀을 전하는 사람이 되겠다는 것이었다. 나는 하나님의 인도를 구했고, 응답을 받은 것이다.

하지만 그 결단 뒤에는 뜻밖의 문제가 하나 남아 있었다. 전혀 해결될 기미조차 보이지 않았던 그것은 바로 평생 독신으로 살아야 하는가였다. 나는 하나님께 물었다. "하나님, 저를요? 독신으로 부르셨어요?" 이 문제는 공부를 할 때나 성경을 읽을 때나 머릿속을 떠나지 않았다. 기도를 할 때도 방해가 되었고, 잠을 잘 때는 이것에 관한 꿈까지 꿨다.

당연히 이 문제를 놓고 기도하기 시작했지만 몇 달간은 누구에게도 말하지 않았다. 룸메이트들과 가끔 이성에 관해 이런저런 얘기를 나눌 뿐이었다. 나와 방을 같이 썼던 여학생들은 인기가 별로 없어 질투를 느낄 만한 부류는 아니었다. 모두 나이가 나보다 조금 많았다. 한 명은 틈만 나면 오르간을 연주하러 음악실을 찾는 음대생이었고, 다른 한 명은 여군이었다. 나와는 별로 공통점이 없는 사람들이었으나 하나 있다면, 그것은 처녀성이었다. 그 부분만큼은 우리의 생각이 일치했다. 우리에게는 결혼하지 않았다는 것은 곧 처녀성을 버리지 않았다는 의미였다. 다시 말해서 만약 누군가가 평생 독신으로 살기 원한다면 그것은 곧 평생 성관계를 맺지 않는다는 뜻이었다.

물론 그때는 아주 먼 옛날이었다. 하지만 그 당시에도 성관계에 대해 그런 식으로 생각하고 행동한 사람은 많은 사람에게 조롱의 대상이 된 것이 사실이다. 어쩌면 우리처럼 생각한 사람들이 얼마 없었을지도 모르겠지만 확실하지는 않다. 다만, 대다수 사람들의 경우, 그들의 실제 삶이 어떠했든 간에 겉으로 일컬어지는 성 생활은 부부들의 전유물이었다. 하지만 현대에 와서는 이 성 생활의 개념이 완전히 바뀌어버렸다.

수세기 동안 인류는 성을 조절, 관리하는 어떠한 원칙을 세우기 위해 고민해왔다. 남자는 부인(들)과 나름의 정해진 방법에 따라 관계를 맺었으며, 그녀(들)와 함께 그 원칙 안에서 살아야 했다. 만약 다른 남자의 아내와 부정을 저질렀다면 그것은 그가 선택한 위험한 모험이었다. 반면 여성은 자신의 순결이 가장 값진 소유물 중 하나라는 인식을 지니고 있었다. 여성은 남성이 자신의 순결함을 얻기 위해서는 어떤 희생을 치르게 한 후에야 그것을 허락했다. 어떤 희생이라 함은 보통은, 여성과의 결혼 약속이리라. 일부다처제의 사회에서도 부부간에는 지켜야 할 분명한 규약이 있었고, 그것이 깨지면 그 사회는 더 이상 유지될 수 없었다.

하지만 요즘 사람들 사이에서는 이러한 사회의 기본적인 통념들조차 쓸데없는 걱정인 듯 여겨진다. '시대가 변했다', '역사로부터 내려오던 인습에서 벗어났다'고 자랑스럽게 말한다. 이제 '독신'과 '성 생활'은 공존하며 그것이 '자유'라고 일컬어진다. 남성들뿐 아니라, 여성들 또한 자신의 욕망을 아무렇게나 채울 수 있는 시대가 온 것이다. 남성들은 많은 여성을 '정복'해야만 진정한 사나이라고 생각하고, 여성들마저 그렇게 생각한다. '성적인 취향'이 천차만별로 다양하고, 우리는 이제 동성과도 떳떳하게 성 행위를 할 수 있게 되었다. 자신의 성향은 무조건 인정되며 아무것도 감추거나 참아야 할 필요가 없는 시대가 도래한 것이다. 더 나아가서 감추거나 참는 것은 위험한 일이자 일종의 위선이라고 손가락질을 하는 세상인 것이다. 모두가 평등하고 모두가 자유롭다. 좋아 보임에도 그것에 따르지 않으면, 이상한 사람이 되고 만다. 좋아 보이지 않는데도 따른다면 당신은 메조키스트다.

나와 내 룸메이트들이 결혼과 성 생활을 동일시한 이유는 우리가 100년 전의 사람이었고, 그 당시 대다수가 그렇게 생각했기 때문이 아니었다. 우리가 무지해서도 아니었다. 우리가 너무 순진해서 부정한 것이나 포르노그래피에 대해 알지 못했기 때문도 아니다. 우리가 지난날의 인습에서 자유롭지 못했거나 멍청해서도 아니었다. 그 이유는 우리가 그리스도인이었기 때문이다. 우리는 성의 성스러움을 존중할 줄 알고 있었던 것이다.

나는 그 당시 책상 앞에 앉아 결혼에 대해 오랫동안 생각했다. 나는 이성관이 뚜렷했고, 어떤 사람과 결혼하고 싶은지 알고 있었다. 그는 나만큼 순결함을 존중할 줄 아는 남자여야 했다.

오늘날의 여성은 남성에게 무엇을 바라는가? 남성은 여성에게 무엇을 바라는가? 만약 시대가 변했다면, 인간의 마음 가장 깊은 곳에서 이성에게 바라는 것들도 변했을까? 이성 관계에 대한 기본적인 원칙도 변했을까? 그렇다면 그리스도인의 원칙마저도 변했을까?

나는 마지막 세 가지 질문에 모두 '아니다'라고 대답하고 싶다. 나는 '지속적인 관계'가 모든 인간의 기본적인 욕구라고 믿고 싶다. 우리의 '즐기기 위한', '일회성'의 만남들은 '지속성'이라는 우리의 내면의 욕구를 충족시키지 못한다. 순결함과 처녀성이 더 이상 보호 받지 못하거나 존중되지 않는 사회가 도래한다면 그곳은 무기력하고 무미건조하며, 극히 단순하고 지루한 삶만이 지속될 것이다. 우리의 욕구를 전부 충족시키려 하다보면 우리는 끝내 즐거운 것을 전부 잃고 말 것이다.

내가 빚진 삶

일주일 동안, 영국의 젊은 전도사인 스티븐 올포드가 학교에서 특강을 했다. 강의를 들으면서 두 가지에 깊은 감명을 받았다. 그는 솔로몬의 시를 인용했다. "예루살렘 딸들아 내가 너희에게 부탁한다 내 사랑하는 자가 원하기 전에는 흔들지 말며 깨우지 말지니라"(아 8:4). 그는 이 시대를 이렇게 해석했다. 남성이건 여성이건, 자신의 배우자를 만나는 것에 대해 조급해하지 말라. 하나님이 알맞은 때가 되어 그대를 '깨우실' 때까지 '잠들어' 있으라고 했다. 그가 강조한 다른 한 가지는 일기장을 만들라는 것이었다. 나는 그의 말대로 하기로 결심했다.

그날로 작은 갈색 공책을 한 권 샀다. 1940년 크리스마스 선물로 부모님이 사주셨던 성경의 크기와 거의 같은 것이었다. 그때부터 어디를 가든지, 그 두 가지는 항상 가지고 다녔다. 나는 일기장 겉표지 안쪽에다 그리스어로 "내게 사는 것이 그리스도니"(빌 1:21)라고 적었다. 첫 장에는 사무엘 러더포드가 작사하고 애니 커즌이 작곡한 찬송가 한 구절을 써 넣었다.

> 오 그리스도여, 그는 샘이로다.
> 깊고 달콤한 사랑의 우물이로다.
> 세상의 맛을 느껴보았지만
> 더 깊은 맛은 위에서 마시리.
> 그곳엔 바다만큼이나 풍부한
> 그분의 자비가 넘쳐 흐르네.
> 그곳 임마누엘의 땅에는
> 그분의 영광, 영광도 머무르네.

일기장에 제목을 붙여 출애굽기 16장 32절에 나오는 '만나 한 오멜'(오멜은 무게를 측정하는 단위로 한 오멜은 약 2리터임-편집자)이라고 했다. "모세가 이르되 여호와께서 이같이 명령하시기를 이것을 오멜에 채워서 너희의 대대 후손을 위하여 간수하라 이는 내가 너희를 애굽 땅에서 인도하여 낼 때에 광야에서 너희에게 먹일 양식을 그들에게 보이기 위함이니라 하셨다."

주님, 사랑이 무엇인가요?
"…하나님은 사랑이시라 사랑 안에 거하는 자는 하나님 안에 거하고 하나님도 그의 안에 거하시느니라"(요일 4:16).

"내 계명은 곧 내가 너희를 사랑한 것 같이 너희도 서로 사랑하라 하는 이것이니라"(요 15:12).

하나님 아버지, 그것이 어떻게 가능한가요?
"…우리에게 주신 성령으로 말미암아 하나님의 사랑이 우리 마음에 부은 바 됨이니"(롬 5:5).

나를 놓아주지 않는, 오 사랑이여
나의 피곤한 영혼은 그대의 품에서 쉼을 찾나니
나의 빚진 인생을 그대에게 돌려드리겠나이다.
당신의 바다같이 넓은 품에서,
더욱 풍성하고 비옥해지도록
_조지 매더슨

"나의 빚진 인생을 그대에게 돌려드리겠나이다." 빚진? 어째서 '빚진'이지? 나의 삶 아닌가?

"당신은 당신의 몸이 하나님의 성령이 거하시는 성스러운 성전임을 잊었소? 당신의 몸은 하나님이 당신에게 맡기신 선물입니다. 당신의 몸이 당신 것이 아니란 사실을 모릅니까? 그리스도는 당신의 생명을 위해 크나큰 대가를 지불하셨습니다"(고전 6:19-20, 저자 의역). 내 운명을 깨달았다. 바로 예수님의 보혈로 말미암아 살아 있다는 것을. 이 사실을 깨달은 사람이 어찌 잠깐의 뜨거운 열정에 현혹될 수 있겠는가.

> 야곱아 너를 창조하신 여호와께서 지금 말씀하시느니라
> 이스라엘아 너를 지으신 이가 말씀하시느니라
> 너는 두려워하지 말라 내가 너를 구속하였고
> 내가 너를 지명하여 불렀나니 너는 내 것이라(사 43:1).

성경에 나의 운명은 명확히 기재되어 있다. 창조되어, 조성되고, 대가가 지불되어, 부름 받은 운명. 하나님이 이스라엘에게 신실하셨듯이 믿음으로 '아브라함의 자손'이 된 그리스도인에게도 하나님은 신실하시다.

> 네가 물 가운데로 지날 때에 내가 너와 함께할 것이라
> 강을 건널 때에 물이 너를 침몰하지 못할 것이며
> 네가 불 가운데로 지날 때에 타지도 아니할 것이요
> 불꽃이 너를 사르지도 못하리니
> 대저 나는 여호와 네 하나님이요
> 이스라엘의 거룩한 이요 네 구원자임이라(사 43:2-3).

몇 해 전, 한 젊은 여성이 질문을 했다.

"내게 남편을 주신다면 선교사로 헌신하겠다는 기도를 하나님께 해도 될까요?"

나는 안 된다고 했다. 그녀는 유감스럽게도 하나님의 요구사항을 아직 이해하지 못하고 있었다. 우리는 창조주이자 주인이신 하나님께 이것을 주시면 대신 저것을 하겠다고 흥정할 수 있는 입장이 아니다. 우리를 진정 자유롭게 한 것은 금이나 은처럼 인간의 기준에서 만들어진 유한의 것이 아니다. 그 대가는 너무도 소중한 예수 그리스도의 보혈로 지불되었다.

1948년 3월 1일

"그리하시면 우리가 주에게서 물러가지 아니하오리니 우리를 소생하게 하소서 우리가 주의 이름을 부르리이다 만군의 하나님 여호와여 우리를 돌이켜 주시고 주의 얼굴의 광채를 우리에게 비추소서 우리가 구원을 얻으리이다"(시 80:18-19).

그의 머리 위에는 가시 면류관이 씌워져 있고,

그가 지나간 곳엔 혈흔이 남았네.

오 주여, 우리로 다시는

그런 일을 행하지 않게 하소서.

_ 에이미 카마이클(인도에서)

하나님 아버지,

이제 평생의 결단을 내렸습니다.

이렇듯 결심이 선 이상,

다시는 뒤돌아보지 않게 하소서.

저에게 십자가의 길을 걷게 하소서.

저를 사랑으로 채우사

다른 잡념이 들어설 자리가 없게 하소서.

열정은 전쟁터이다

기도 후에도 계속된 혼란에 대해 지금은 이해가 간다. 우리 영혼을 해치려는 악이 존재한다면(나는 악의 존재에 대해 아무런 의심이 없다), 그 악의 권세가 인간에게 빼앗을 수 없는 것 하나가 바로 순결함에 대한 욕구이다. 그리하여 남성과 여성 사이의 열정은 전쟁터가 된다. 우리 영혼의 연인되신 예수님께서는 이를 미리 막아주진 않으신다. 이 사실을 깨닫고는 매우 혼란스러웠다. 마땅히 예수님께서 이런 열정들을 막아주셔야 한다고 생각했기 때문이다. 예수님은 다만 우리가 받은 무기를 적절하게 사용하기를 원하신다.

다음은 내가 그 당시 일기장에 썼던 것인데, 이러한 시기에 내가 느껴야 했던 혼란과 두려움에 대한 솔직한 표현들이다.

1947년 2월 2일

누군가를 사랑하고 싶다. 하지만 하나님은 나를 독차지하고 싶으신가 보다.

2월 3일

사라 티스데일 : "나는 왜 사랑을 위해 울고 있을까?"

2월 16일

하일은 내 룸메이트와 데이트 하면서도 저녁 때는 나를 기다린다.

2월 17일

하일이 나를 집까지 데려다 준다. 그와 데이트 하긴 싫다.

2월 18일

필이 데이트 신청을 했다. 거절했다.

2월 21일

지난주에 하일은 내 룸메이트와 무려 5번 데이트를 했다.

2월 22일

우체국에서 집까지 하일이 차로 태워다 주었다. 나는 내 주위의 사랑 놀음에 여념이 없는 사람들을 소재로 시를 한 편 썼다. 하일과의 관계를 말끔하게 정리해야 하는 것일까? 그에게 나에 대한 마음을 정리하라고 말해줘야 하는 것일까?

3월 8일

하일의 데이트 신청을 받아들였다. 함께 콘서트에 가기로 했다.

3월 9일

데이트 약속을 취소했다. 그에게 이제 그만 만나자고 했다. 그는 절대 너 말고는 다른 사람은 없다고 했다.

3월 10일

내가 너무 조급하게 굴었나?

3월 11일

내가 먼저 사과해야 할까?

3월 12일

내가 괜히 데이트 약속을 깼나 보다.

3월 14일

그를 만나려는 시도 중이다.

3월 17일

드디어 그한테 말해 버렸다. 나에게 잘해준 것에 대해 고맙다고 하고, 여태까지 우리가 주고받았던 선물을 다시 돌려받았다. 그가 그립다.

3월 23일

짐 엘리엇이라는 청년을 만났다. 대화를 나누어 보았는데, 괜찮은 사람 같다.

7월 1일

가끔 나는 독신으로 사는 것에 대해 생각을 한다. 하나님은 분명 나에게 풍요로운 삶을 주실 것이라 믿는다. 이런 믿음이 변치 않기를.

10월 26일

자신의 여자와 선교지를 사이에 두고 선택해야 했던 인도 선교사 헨리 마틴의 이야기를 읽었다. 나도 언젠가는 결혼과 선교지를 사이에 두고 결정을 내려야 할 때가 올까?

10월 27일

엘리자베스 클레펜 : "나에게 유일한 빛은 그의 얼굴에서 발하는 광채이다."

11월 11일

학업과 결혼, 내년에 해야 할 일들만 염려하고 있다. 내 마음은 "주를 신뢰하고" 있지 못하다(사 26:3).

하루는 친구 한 명이 나의 '연애사업'에 대해 물었다.

"연애? 난 지금 아무도 없는데."

"에이, 왜 이래? 하일이 데이트 신청한 것도 거절했다면서!"

"그것도 연애냐?"

"내 말의 요지가 뭔지 알잖아. 최소한 너에겐 선택권이 있다고."

"꿈보다 해몽이군."

"그리고 또 저번 주에는 필과 데이트 하는 것 같던데?"

"필?! 그 애가 왜 나한테 데이트 신청했는지 알기나 하니?"

"아니."

"그 녀석은 매주 다른 여자와 데이트 하기로 친구들과 내기를 했대. 그것도 한 번도 데이트 신청을 못 받아봤을 것 같은 여자랑."

하일, 필, 그리고 그 외에도 몇 명. 고등학교 시절 나에게 약간의 관심을 보인 남자들은 아직도 내 주위를 맴돌고 있었다. 그들 중 그 누구도 내가 꿈꾸던 남편감은 아니었다.

시대가 변했다곤 해도 나는 아직도 그 당시의 나와 똑같은 고민을 하는 사람들을 많이 본다. 여성들은 아직도 똑같은 꿈을 꾸고 있고, 자기만 쳐다보는 남성에게 호감을 느낀다. 그리고 내가 한때 느껴야 했던 혼란을 느낀다. 텍사스에 살고 있는 한 처녀에게서 편지가 왔다. 그녀는 몇 장에 걸쳐 첫사랑에 대한 이야기를 풀어놓다가 결국 아무 일도 없이 끝나버렸다고 한탄했다. 지금은 스킵이라고 하는 청년을 만나고 있는데 다시 그에게 푹 빠져있는 듯 보였다.

> 잠깐 대화를 나눴지만, 그가 무척 특별한 사람이라고 느꼈어요. 하나님과도 가까운 사람인 것 같고요. 친구도 스킵이 무척 괜찮아 보인대요. 그래서 재빨리 하나님께 기도했죠. "이번만큼은 제게 주세요!"
> 2주 후 그가 데이트 신청을 했어요. 독립기념일이라서 원래 불꽃놀이를 보려 했지만, 비가 오는 바람에 결국 카페에 들어가 무려 5시간 동안 얘기만 했답니다. 스킵은 그날 집까지 저를 바래다 주었고, 나는 그

를 집으로 초대했어요. 마침 룸메이트와 그녀의 남자친구도 와 있어 넷이서 같이 얘기하다가 스킵이 나의 미술 작품들을 보고 싶다고 했어요. 우리는 그 후, 새벽 2시까지 얘기했어요. 집에 가기 전, 스킵이 기도를 하자고 했어요. 그때 전 이미 스킵을 많이 좋아하고 있었지요. 그와의 만남은 이제까지 경험해 보지 못한 굉장한 것이 시작되는 느낌이었어요.

우리의 데이트에는 가속도가 붙었고, 그때부터 스킵은 조금씩 바뀌었어요. 스킵에 대한 기억을 완전히 지우기까지 3개월이 걸렸답니다. 그를 아직도 사랑하지만, 이제 더 이상 마음이 아프진 않아요.

이런 편지들에는 공통적인 얘기가 아주 많다. 여성들이 보낸 편지를 보면, 끊임없이 관심을 요구하고 대답을 기다리며 보호를 바란다. 남성의 경우는 끊임없이 배회하면서 실험하고 정복하기를 원한다. 하지만 남성들에게는 항상 이런 것들을 바라는 마음이 있다.

굶주림…
콩과 베이컨으로 채워지지 않은, 뱃속에서 느끼는 것이 아닌,
다만 외로운 남자의 가슴 속에 자리 잡고 있는
자신만의 가정에 대한 굶주림.
앞에 앉아 있으면 세상의 모든 것을 잊을 수 있는 벽난로.

네 면의 벽과 지붕,

자신만을 사랑해 주는 여성이 감싸주는 따뜻하고 포근한 행복.

_로버트 서비스

수년이 지난 지금에서야 느끼지만 내 나이 스무 살 때, 나 자신이 얼마나 어리석었는지 깨닫는다. 내가 요즘 접하는 젊은 사람들의 짧은 사랑 이야기들, 새로운 사랑에 대한 갈망, 얻었다가도 잃고 마는 사랑의 아픔들을 보며, 나 자신도 한때 똑같은 일들로 고민했으며 그 고민들이 바로 마음속을 정화시키는 시작이라는 생각을 해본다.

"마음이 청결한 자는 복이 있나니 그들이 하나님을 볼 것임이요"(마 5:8). 하나님을 보기 위해서는 이토록 큰 대가를 치러야 하는 것인가? 어느 정도의 꾀와 양심, 그리고 순수함을 지닌 보통의 마음을 가지고 있으면 하나님을 볼 수 없다는 뜻인가? 내가 하나님을 마음속 깊은 곳에서부터 원하고 있으며, 그분을 사랑하고, 또 그분이 원하시는 것을 갈망하고 있는 것으로는 부족한가?

나는 우리 학교의 학장이었던 찰스 브룩스 박사의 마지막 설교를 아직도 기억하고 있다. 지금도 그의 겸손한 모습과 잔잔한 목소리가 생생하게 들리는 듯하다.

나의 삶이 얼마나 행복했건 간에 오 나의 주여,

내가 바라는 것이 딱 한 가지 있다면, 물로써든 불로써든

나를 정화시키소서, 나를 정화시키소서!

내 모든 것을 씻겨주소서, 안과 밖을 씻겨주소서,

필요하다면 불로써 나를 순화하소서,

그 방법이 어찌 되었건 나의 죄만 없어질 수 있다면,

정화될 수만 있다면.

감당할 수 없는 감정

『기도의 책』이라는 시집에 보면 사순절 날의 기도가 이렇게 소개되어 있다.

> 오! 위대하신 주여, 당신만이 죄인들의 그릇된 탐닉과 욕망을 바로잡을 수 있습니다. 당신의 백성들에게 은혜를 베푸사, 그들이 당신의 계명을 지키도록 하시고, 당신의 법도를 갈망하도록 하소서. 그리하여 비록 급속도로 변하는 세상이지만, 우리가 진정한 기쁨을 찾을 수 있도록 하여 주옵소서. 우리와 영원토록 함께할 성령과 영원한 유일신이신 하나님과 우리 주 예수 그리스도의 이름으로 기도 드립니다. 아멘.

나는 고등학교와 대학교 시절, 비교적 꾸준히 성경을 읽었다고 생각한다. 그전에는 직접 읽지 않았더라도 아버지나 어머니의 음성으로 성경 말씀을 접했다. 성경 말씀은 자연스럽게 내 삶의 잣대가 되었다. 내가 성인으로 성장하면서 하나님이 내게 명령하신 것들에 가장 큰 걸림돌이 되는 것은 다름 아닌 나의 고집과 욕망이라는 것을 깨달았다. 일기장에 쓰인 고민들이 말해 주듯 나의 생각과 욕망들은 가장 잠재우기 힘든 것 중 하나였다.

어떤 것이든 정돈하거나 바로잡기 위해서는 그것이 지저분한 방이든, 성난 야생 망아지이든, 버릇없는 아이든 간에 노력이 필요하다. 시간과 에너지가 그중 하나일 것이다. 바로잡는 것이 무엇이냐에 따라 때로는 노동, 희생, 고통까지도 따를 수 있다. 마찬가지로 우리의 욕망과 의지를 하나님 앞에서 바로잡기 위해서는 희생이 필요하다.

나의 사랑을 받으소서, 오 주여
당신의 발에 내가 가장 아끼는 보물을 붓나이다.
_ 프란시스 리들리 해버갈

회중과 함께 교회에서 부르기는 무척 쉬운 노랫말이다. 나 또한 이 가사가 무엇을 의미하는지 생각도 않은 채, 여러 번 따라 불렀었다. 건성으로 불렀다고는 하기 싫지만, 나에게 이 노랫말이 진정 의미가 있으려면 뭔가 희생이 따라야 하지 않았을까?

짐이라는 남자를 처음 만나서 짧은 대화를 나누어 보았을 뿐인데 점점 더 눈에 자주 띄었다. 데이브 오빠에게 잠깐 그에 대한 이야기를 했더니 오빠는 짐과 만나보라고 계속 권유했다. 오빠와 짐은 같은 레슬링 동아리 멤버였고, 나는 오빠를 보러 간다는 핑계로 레슬링 시합을 구경하곤 했다. 아무리 뒤집으려고 해도 매번 상대의 손아귀에서 빠져나오는 짐을 '고무인간'이라고 외치며 관중석에서 즐거운 시간을 보냈다.

짐은 선교 동아리의 멤버이기도 했다. 그는 솔직했으며, 선교에 열정이 있었고, 결코 주눅 드는 법이 없었다(특히 선교의 중요성을 모르는 사람 앞에서). 나는 그가 식당에서 줄을 서서 기다리며 한 손에 성경구절이나 그리스어 단어장을 들고 공부하는 모습도 유심히 지켜보았다. 매 학기 장학생 명단에 그의 이름은 빠지는 법이 없었다.

그러다가 크리스마스 때 데이브 오빠가 짐을 우리 집으로 초대했다. 가족들이 모두 취침한 후에 우리 둘만 남아서 얘기를 했다. 그와 대화를 하면 할수록, 그야말로 나의 이상형에 딱 들어맞는다고 생각했다. 그는 찬송가를 부르는 것을 좋아했으며, 많은 찬송가를 외우고 있었다. 그는 멋진 남성이었다. 힘세고 떡 벌어진 어깨에 세상에 물들지 않은 순수함이 있었고, 친절하고 내 기준으로는 잘 생긴 사람이었다. 그는 하나님을 사랑했으며 그것이 그의 삶에 있어서 최고의 관심사였다. 결정적으로 이 부분 때문에 다른 것은 아무것도 중요하지 않을 정도였다.

그도 나처럼 그리스어 전공이었다. 가끔 그리스어 수업시간에 그가 내 옆에 와서 앉아주기를 기대했다. 그는 내 기대를 저버리지 않았다. 자주 내 옆에 앉았고 심지어는 다른 사람들이 있으면 자리를 비켜달라고까지 하면서 내 옆으로 오곤 했다. 진짜 나에게 관심이 있는 것일까? 내 속에서 작은 희망이 싹트기 시작했다.

일요일 아침, 식당은 매우 한산했다. 많은 학생들이 주말에는 집으로 돌아가고, 남아 있는 학생들도 일요일 아침에는 밥을 잘 먹지 않았기 때문에 세 개의 식당 중 한 곳만 문을 열었다. 짐은 평일에는 보통 가격이 더 저렴한 다른 식당에서 식사를 하기 때문에 일요일 아침은 짐과 식사 시간에 만날 수 있는 유일한 시간이었다. 큰소리로 여자 친구들과 팬케이크에 대해 말하고 있는데, 짐이 식당으로 들어왔다. 그는 나의 시선을 사로잡았고 나를 보며 환한 미소를 지었다. 그의 환한 미소는 하루 종일 내 뇌리에서 떠나지 않았고, 일주일 내내 내 마음은 둥둥 떠다녔다.

단기선교 팀이 인도로 선교여행을 떠나기로 했다. 짐은 남자 세 명과 두 명의 여자들로 팀을 이뤘고 나도 그중 한 명이었다. 우리는 선교 여행 준비로 밤늦게까지 회의를 했다. 집에 가려는데, 짐이 운전할 때 졸지 않도록 말을 걸어줄 사람이 필요하다며 나에게 동승을 요청했다.

"괜찮겠니, 베티? 졸리지 않겠어?" 나는 고개를 돌리며 생각했다. '이 상황에서 내가 졸릴 리 있겠어?'

우리는 지난 크리스마스와 선교여행에 대해 얘기했고, 지금은 기억나지 않지만 다른 많은 것들에 대해서도 얘기했다. 짐은 갑자기 러더포드의 찬송가를 부르기 시작했다.

그것은 내가 '만나 한 오멜'이라고 부르는 내 일기장에 적어 놓은 찬송가 가사였다. "오 그리스도여, 그는 샘이로다. 깊고 달콤한 사랑의 우물이로다…."

어느 날 밤, 기숙사에 벨이 울렸다. 그것은 우리 층의 누군가에게 전화가 왔다는 의미였지만, 평소 나에게는 거의 오지 않는 전화였다. 누군가가 큰소리로 외쳤다. "하워드!"(그 당시에는 이름 대신 성을 부르는 것이 유행이었다)(엘리자베스 엘리엇의 결혼 전 이름이 엘리자베스 하워드임-편집자). 나는 바로 뛰어 내려가서 전화를 받았다.

"베티? 짐이야. 콜라나 한 잔 할까? 얘기 좀 하고 싶어서."

"지금? 알았어."

"내가 그쪽으로 갈게."

우리는 학생복지관으로 가서 마주 앉았다. 짐은 음료를 주문한 후에 성경을 꺼냈다. 어떻게 해서 이 얘기가 나왔는지는 잊었지만 무슨 얘기를 했는지는 기억한다. 짐은 나의 내성적인 성격에 대해 얘기했다. 내가 '하나님의 자녀'로서 다른 사람들에게 좀더 친절하고 친근감 있게 대해야 한다고 했다. 네가 의지만 있으면 하나님이 너를 그렇게 만들어주실 거라고….

나는 약간 상처를 받았다. 하지만 한편으론 짐의 솔직함에 감동했고, 우리가 이만큼 친해졌나 싶어서 기분이 조금 풀렸다. 짐은 이런 식이었다. 당당하고 솔직했다. 이번 일로 다시 한 번 그가 나의 이상형에 가깝다는 것을 알게 되었다.

주님께 지속적이고 규칙적으로 예배에 참석하고 싶다고 기도하던 중, 일요일마다 시카고에 있는 기차역에서 사람들에게 그리스도를 전하는 학생들이 있다는 사실을 알게 되었다. 짐과의 얘기도 있고 해서 이 일에 매우 끌렸다. '네가 가장 두려워하는 일에 도전하라!'고 나 자신에게 소리쳤다.

돌아오는 일요일, 나는 시카고 행 기차를 타기 위해 휘튼 역으로 갔는데, 그곳에서 다른 사람도 아닌 짐 엘리엇을 만났다. 그도 전도팀의 일원이었던 것이다. 그는 팔에 두꺼운 성경을 낀 채 뒤통수쯤에 페도라를 삐딱하게 쓰고 외투 자락을 휘날리며 서 있었다. 세상에나. 솔직히 그를 여기서 만나게 될 줄은 전혀 몰랐다. 내가 여기 온 것을 보고 그는 내가 자기와 함께하기 위해 온 줄 알겠지만, 이제 와서 돌아갈 수도 없는 일이었다.

짐과 나는 기차에서 서로 떨어져 앉았다. 가는 동안에도 각자 다른 사람과 자연스럽게 대화를 하려고 했다. 우리는 그룹을 지어 다니며 매주마다 캠퍼스에서 기도모임을 가졌다. 그렇게 몇주가 흘러 어느 일요일에 전도를 마치고 시카고에서 돌아오게 되었다. 기차 안에는 승객이 없어 텅 비었고, 짐이 외투와 모자를 벗은 채 성경책을 내 옆자리에 툭 던졌다. 따뜻한 전기가 온몸을 휩쓸고 지나갔다.

"어땠어, 베티?"

우리는 휘튼으로 돌아오는 내내 얘기를 했고, 그는 나를 기숙사까지 데려다 주었다. 지금까지 무슨 얘기를 했는지 다 기억하진 못하지만, 대부분 용기를 북돋아주는 내용이었다. 그는 내가 나로서는 가장 힘든 길을 선택했음을 알고 있었는지도 모르겠다. 짐은 "그리스어 시간에 만나!"라고 외치며 사라졌다.

그와 마주칠수록 내가 사랑에 빠지고 있다는 사실이 설득력 있게 다가왔다. 아주 감미롭고 달콤한 기분이었지만, 아프리카나 남태평양 지역의 선교사로 떠나게 될 여성에게는 그리 어울리는 느낌은 아닌 것 같았다.

어떻게 하면 사랑이라는 나의 소중한 보물단지를 정확히 주님의 발 앞에 내려놓을 수 있을까? 나는 생각했다. '정말로 사랑에 빠진 후에나 생각하지 뭐. 아직은 그런 단계가 아니니까.'

하나님은 어디까지 원하시는가?

구약 시대에 하나님은 사람들의 결정에 관여하셨다.

> 그 일 후에 하나님이 아브라함을 시험하시려고 그를 부르시되 아브라함아 하시니 이르되 내가 여기 있나이다 여호와께서 이르시되 네 아들 네 사랑하는 독자 이삭을 데리고 모리아 땅으로 가서 내가 네게 일러 준 한 산 거기서 그를 번제로 드리라 아브라함이 아침에 일찍이 일어나 나귀에 안장을 지우고(창 22:1-3).

신약 시대에도 하나님은 사람들의 결정에 관여하셨다.

어떤 사람이 주께 와서 이르되 선생님이여 내가 무슨 선한 일을 하여야 영생을 얻으리이까 예수께서 이르시되 어찌하여 선한 일을 내게 묻느냐 선한 이는 오직 한 분이시니라 네가 생명에 들어 가려면 계명들을 지키라… 예수께서 이르시되 네가 온전하고자 할진대 가서 네 소유를 팔아 가난한 자들에게 주라 그리하면 하늘에서 보화가 네게 있으리라 그리고 와서 나를 따르라 하시니(마 19:16-17).

아버지나 어머니를 나보다 더 사랑하는 자는 내게 합당하지 아니하고 아들이나 딸을 나보다 더 사랑하는 자도 내게 합당치 아니하며 또 자기 십자가를 지고 나를 따르지 않는 자도 내게 합당하지 아니하리라 자기 목숨을 얻는 자는 잃을 것이요 나를 위하여 자기 목숨을 잃는 자는 얻으리라(마 10:37-39).

또한 모든 것을 해로 여김은 내 주 그리스도 예수를 아는 지식이 가장 고상하기 때문이라 내가 그를 위하여 모든 것을 잃어버리고 배설물로 여김은 그리스도를 얻고 그 안에서 발견되려 함이니(빌 3:8-9).

이상의 구절들은 우리가 감히 반박할 수 없는 위대한 영적 원리들이다. 이 모든 것들에 나는 전적으로 동의한다. 적어도 머리로는 그랬다. 아브라함이나 바울 같은 신앙의 거인들도 물론 엄청난 시험을 통과해야만 했다. 나는 기도하면서 그저 삶의 방향을 찾고 있는 평범한 여대생이었다. 그리고 현재는 하나님의 믿음직스러운 제자인 한 남자에게 이성적인 매력을 느끼고 있다. 이것이 잘못일까?

"네가 온전하고자 할진대…." 하나님은 나에게 묻고 계셨고, 질문은 머리로만 받아들이는게 아닌 것이다. 마음과 감정의 문제도 달려 있다. 나는 대답해야만 했다. 하나님은 지금 나를 체에 거르고 계신다. 난 '온전하기를' 원하는가? 네, 주님.

"나를 귀하게 여기느냐?"

"네, 주님."

"예수 그리스도를 너의 구세주로 받아들이겠느냐?"

"예, 그렇게 하고 싶습니다."

릴리아스 트로터의 산문집을 보면, 우리 인간이 자신을 버리고 하나님께 그 자신을 바치는 과정을 식물의 죽음과 삶의 순환에 아름답게 비유하고 있다. 그것은 다른 이성과의 사랑을 포함한 모든 삶의 부분을 말하는 것이리라.

우리가 이해할 수 없는 이유로 인해 어여쁜 꽃잎은 떨어져야만 한다. 이것은 누군가에게 유익한 일인 것처럼 보이지도 않는다.

자기를 포기하는 첫 번째는 마치 항복하는 것과 같다. 사람이 아닌 하나님에게 하는 것으로서 인간이 맛볼 수 있는 가장 달콤한 항복이다. 우리 속의 모든 온전치 않은 것을 다 내어 놓지 않는 항복은 진정한 것이 될 수 없다. 어떠한 '오염된' 것도 포함되어선 안 되는 것이다.

십자가에서 예수 그리스도가 당한 죽음은 죄인의 죽음이 아니었다. 그 죽음으로 말미암아 우리에게 주어진 상급은 하나님에게서 난 것이었으며, 하나님의 은혜를 입은 우리를 위해 예수 그리스도께서 짊어지셔야만 했던 하나님의 섭리였다. 전 세계의 운명이 달린 일이었다.

우리의 모든 것을 바라시는 하나님은 도대체 어떤 분일까? 그분은, "세상을 이처럼 사랑하사 독생자를 주신" 분이다. 그런 분이 우리에게 더 이상 무엇을 감추거나 바라시겠는가?

그분은 모든 것을 주셨다.

그러므로 그분은 모든 것을 받으실 권리가 있다.

4월 2일

나의 의지가 관철되어 하나님에게 쓸모없는 자가 될 것 같은 두려움에 싸여 있다. 나의 감정을 따라가는 것이 쉽기는 하겠지. 하나님께서 "이쪽이다. 이 길로 걸으라"고 말씀하실 때, 거절하기는 쉽겠지.

나는 사랑받고 싶었다. 이것은 극히 자연스러운 감정이다. 내 세대에서뿐만 아니라 어느 세대에서나 사람들은 사랑받고 싶어 한다.

하지만 나는 뭔가 더 깊은 것을 원했다. 일기에 썼던 어리석은 말장난 속에서도 분명 중요한 의미가 담겨 있는 말들이 있으리라. 그중에는 하나님에게 정직하고 성실하게 표현되었던 나의 '고정불변'한 마음이 있었으리라. 당시엔 내가 요즘 편지로 접하게 되는 수많은 의문을 나도 갖고 있었다. 그땐 나만 느끼는 감정들도 있을 거라고 생각했는데, 요즘 내가 받는 편지들 중에서도 그때의 나와 똑같은 생각을 하고 있는 이들을 보곤 한다. 그때나 지금이나 우리가 느끼는 의문들은 똑같다. 하지만 수세기를 거쳐서 느끼는 수많은 질문들을 앞지르는 질문은 "내가 진정 원하는 것은 무엇인가?"다. 나는 하나님께서 수많은 말씀들을 통해 명령하신 것들을 사랑하길 원하는가? 나는 하나님께서 약속하신 것을 갈망하는가? 아니면 내가 원하는 것을 좇았는가? 대가가 무엇이든 간에 나는 하나님께서 원하시는 것을 갈망했는가?

우리의 의지와 감정들이 하나님의 권위에 귀속되지 않는 한, 우리는 하나님을 받아들이기는커녕 그분을 이해할 수조차 없다. 십자가가 사랑의 삶 안으로 들어올 때라야 십자가가 그 마음의 진심을 드러내게 한다. 나의 마음은 진정한 기쁨을 맛보지 않고서는 영원히 외로울 운명이었다.

하루는 성경에서 예수님이 오천 명을 먹이시는 부분을 읽고 있었다. 제자들은 오로지 보리떡 다섯 개와 물고기 두 마리만을 볼 수 있을 뿐이었다. 예수님께서는 "그것들을 가져오라"고 말씀하셨다. 그분은 그것을 가지고 조각내어 축복하셨다. 페루 선교사 루스 스툴의 말이 생각났다. "나의 생이 예수님으로 인하여 조각났다면, 그것은 더욱 큰 뜻을 이루기 위함이라. 한 덩어리는 오직 소년이 먹을 만큼 밖에 되지 않으니…."

뱀의 설득

몇 해 전, 우리 집에 잠시 묵었던 아름다운 한 자매가 새벽 두 시에 나의 방문을 두드렸다. 그녀는 데이트 후였는데, 나와 뭔가 상의하고 싶어 했다. 침대에 걸터앉은 그녀는 잘생기고 부유한 청년과 결혼하고 싶은 솔직한 심정을 나에게 털어놓았다. 하지만 불행하게도 방금 그녀가 데이트를 하고 돌아온 그 청년은 그런 사람이 아니었다. 그는 꽤 괜찮은 사람이긴 했다. 그리스도인이며, 잘생겼고, 재밌지만 부자는 아니었던 것이다.

"자매님이 삶에서 가장 얻고 싶은 것이 무엇인가요? 그것은 하나님의 선택인가요? 아니면 자매님의 선택인가요?" 나는 물었다.

"물론 하나님의 선택이죠."

"만약 하나님께서 당신의 남편감으로 가난하고 초라한 사람을 고르신다면?"

"그럴 리가요!"

"왜 그럴 가능성이 없다고 생각하죠?"

"나를 사랑하시기 때문에!"

"아, 그렇다면 하나님은 그 초라하고 가난한 청년을 그분이 사랑하지 않는 다른 자매에게 주겠네요?"

"아니, 그건 아니지만…."

"아니면 이렇게 생각해봐요. 하나님은 가난한 청년을 사랑하시지 않아서 그에게 못생긴 여인을 아내로 줄까요?"

"오, 제발요!"

"제인, 당신은 하나님의 뜻대로 하겠다고 분명히 말했어요. 그것에는 당신뿐 아니라 전 세계의 모든 사람들, 즉 예쁘든 못생겼든, 부자든 가난하든 모두 포함되어 있지요. 그분의 계획에는 불쌍하고 가난한 청년에게 당신 같은 아리따운 아가씨를 아내로 주시는 것이 포함될 수 있는 것이지요. 어쩌면 지금 이 순간에도 그 청년은 당신 같은 신붓감을 놓고 기도하고 있을지도 모르는 일이고요. 자, 이젠 어떻게 생각하세요?"

"선생님의 설명은 너무 복잡해요. 나는 하나님의 의지대로 하기를 원하지만, 동시에 잘생기고 부자인 남자를 위해 기도했어요. 주님은 나를 사랑하시고 내가 기뻐하는 것을 원하고 계실 거예요."

"그렇다면, 자매님이 그러한 남자와 결혼하지 못하면, 주님이 자매님을 사랑하지 않는다는 뜻인가요?"

그녀의 눈에 눈물이 고였다. "하나님은 제가 기뻐하는 것을 원하시지 않나요?" 마치 에덴동산에서 들리는 외침 같았다.

"그보다 자매님이 거룩하기를 원하시지요."

"그렇다면 저는 슬플 거예요. 그것이 하나님이 원하시는 것인가요? 그것이 거룩함인가요?"

"아니요, 아닙니다. 진정한 거룩함에는 비참함이나 슬픔이 함께하지 않지요. 제인, 거룩하다(holiness)는 것은 온전함(wholeness)을 의미합니다. 그 단어가 '건강하다'(hale)는 의미에서 나온 걸 아시죠? 그것은 건강하고 원기왕성하며 부족함 없이 채워진 걸 의미해요.

"그렇다면 그것을 얻은 사람은 행복하겠네요."

"당연히 그렇겠죠! 문제는 행복에 대한 개념을 우리 자신이 세우고 있다는 겁니다. 우리가 내린 결정에 하나님이 따라주지 않으면 마치 하나님이 자신을 사랑하지 않는 것처럼 생각하지요. 그것은 맥 빠진 자기 위안일 뿐입니다."

"하지만 선생님도 하나님이 우리가 행복해지기 원한다고 말씀하시잖아요. 그렇다면 우리가 원하는 것을 주고 싶어 하시지 않을까요? 물론 어떤 한도가 있겠지만 말이죠."

"하나님은 아담과 하와가 행복하길 원하셨지만 그렇다고 그들이 원하는 모든 것을 다 주시진 않았어요. 모든 것을 허락한다면 그것은 곧 그들에게 죽음을 의미했으니까요. 아담과 하와는 그것을 모르고 하나님께 화가 났죠. 하나님이 자기들을 사랑하지 않는다고 생각하고 인색하신 분이라고 판단한 거예요. 하나님이 우리를 사랑한다면 왜 그까짓 과일을 안 주시겠냐면서요. 결국 아담과 하와는 하나님보다 뱀의 말에 더 귀를 기울였죠."

얼마 후, 한 세미나가 끝난 뒤에 쪽지를 받았다. 쪽지에는 "선생님은 신앙이 더욱 깊이 성장하기 위해 독신이라는 상태가 충분치 않다고 느낀다면 어떻게 하시겠습니까? 얼마나 오래 견딜 수 있습니까?"라고 쓰여 있었다.

강대상 위에서 쪽지를 받지 않은 것이 천만다행이었다. 그랬다면 나는 웃음을 터트렸을지도 모른다. 한동안 그 문제에 대해 생각을 해보다가 우스갯소리 같은 결론을 내렸다. "사흘만 더 기다려 보다가 그래도 안 되겠으면 나가서 결혼상대자를 구하든가, 아니면 목을 매다십시오."

물론 이렇게 말하진 않았다. 이 문제의 핵심은 진정 독신을, '자신의 더 깊은 신앙 성장에 부적합한 상태'로 봐야 할 것인가다. 그렇다면 반대로, 결혼이야말로 깊은 성장을 할 수 있는 유일한 해결 방법이란 말인가? 한평생을 독신으로 살아오신 예수님은 그럼 어떻게 견디셨나?

미안한 얘기지만, 내게 쪽지를 건넨 사람도 뱀의 설득에 넘어가지 않았나 싶다. 뱀은 살짝 다가와서 귓속에 대고 속삭였으리라. "하나님은 치사하셔. 그분은 결혼이라는 맛있게 생긴 과일을 네 앞에 흔들면서 정작 주시지는 않잖아? 너의 깊은 성장을 위한 유일한 수단을 금지하는 셈이지. 그것만이 너의 모든 상처를 치료하고 진정한 행복으로 너를 인도할 수 있는데…."

첫 번째 데이트

짐이 나에게 처음으로 데이트 신청을 한 후에 데려간 곳은 무디 선교교회였다. 때는 늦은 4월. 다른 청년들처럼 콘서트나 근사한 레스토랑이 아닌 이런 곳에 데려올 줄은 사실, 대충 예상하고 있었다. 그날 말씀을 전한 사람은 유명한 아프리카 선교사인 C. T. 스터드의 딸이었다.

그녀는 자기 아버지의 마지막 순간을 회상했다. 아버지는 흔들의자에 앉아 얼마 안 되는 재산을 둘러보며 입을 열었다고 한다. "당신들 모두에게 줄 것이 있었으면 좋겠군요." 그는 자기 앞에 모여 선 사람에게 말했다. "하지만 나는 이미 오래전 내가 가진 모든 것을 예수님께 바쳤답니다."

1948년 5월 1일

오늘은 시험에 들 뻔한 날이었다. 나에게 도착한 편지를 보자마자 무릎을 꿇고 기도했다. 하나님은 놀랍게도 그 상황에서 요한일서 1장 7절 말씀을 주셨다. "그가 빛 가운데 계신 것 같이 우리도 빛 가운데 행하면 우리가 서로 사귐이 있고 그 아들 예수의 피가 우리를 모든 죄에서 깨끗하게 하실 것이요." 나를 주님의 뜻대로 하소서. 나는 하나님의 종이니이다.

5월 2일
오전 내내 하나님과 시간을 보냈다. 비가 너무 내려서 교회까지 걷기에는 무리였다. 새로운 것에 적응하는 방법을 터득하는 것은 참 어렵다. 하나님의 뜻대로 행하기로 마음먹었지만, 아직도 내 속에 있는 욕망들이 옳은지에 대한 확신이 없다. 그것들을 뽑아내야만 하는 걸까?

5월 3일
오늘 하나님께 내 전부를 헌신했다.

물론 편지는 짐에게서 온 것이었다. 그는 우리의 첫 데이트가 어색했던 것에 대해 사과를 하고 있었다. 그가 무엇을 말하려는지 확실치는 않았지만, 어쩐지 나의 탓인 것만 같았다. 일기에 쓴 '새로운 것'이란 내가 완벽하게 잠재운 줄로만 알았던 그에 대한 감정이다. 내가 하나님의 의지대로 잠들게 했던 감정들이 다시 깨어나기 시작한 것이다.

하나님은 다윗 왕에게 여부스 사람 오르난의 타작마당에서 제단을 쌓으라고 하셨다. 다윗 왕이 오르난에게 그 타작마당을 살 수 있느냐고 묻자, 오르난은 타작마당뿐 아니라 소들과 곡식 떠는 기계와 수확물인 밀까지 그냥 드리겠다고 했다. 그런데 다윗은 이를 거절했고, 거절의 이유를 이렇게 말했다. "나는 아무 대가를 치르지 않은 번제를 드리고 싶지 않다"(대상 21:24, 현대인의성경).

오 주여, 여기 나의 마음을 받으소서.

5월 4일

오늘도 시험은 계속되었다. 하나님은 나에게 끊임없이 묻고 계신다. "너는 나를 사랑하느냐?" 나는 무의식적으로 그 질문에 대한 답을 회피하려 든다. 그 후에 뒤늦게 대답이 나온다. "네, 주님, 저는 저의 영혼과 육체의 연약함을 압니다. 영혼은 무엇인가를 갈망하고 있고, 육체는 약합니다. 저는 시험이 필요합니다."

주님의 십자가를 우리 사이에 놓으소서, 축복의 주님이여.
우리가 주님을 사랑할 수 있게 허락하소서.
우리가 주님의 찔린 발아래 엎드릴 수 있도록
주님의 권능을 우리에게 허락하소서.
우리가 만날 곳은 그 어디에도 없나니.

주님의 뜻을 행하도록

우리의 얼굴을 한 조각 돌같이 굳게 하소서.

우리의 목표는 오직 이것이 되게 하소서.

오 주여, 우리의 마음은 정해졌습니다.

우리가 다른 곳으로 향하지 않게 하소서.

우리의 모든 감정을 다스리소서.

오직 주님의 사랑으로 타오르게 하소서.

5월 5일
짐과 나는 매주 월요일, 수요일, 금요일이면 항상 그랬듯이 함께 공부한다.

5월 6일
겨우 며칠 사이에 어떤 결과가 나타날 줄 누가 알았을까? 나의 마음이 오직 나의 욕망들로 가득한데 하나님이 어떻게 들어오시겠는가? 주님의 뜻을 이루소서.

내 마음속은 말 그대로 내 바람들로만 가득차 있었다. 그리고 나의 바람들이 하나님의 바람이었으면 하고 은근히 바랐다. 만일 나의 바람과 하나님의 바람이 다르다면, 나의 바람이 사라지기를 내 마음이 바라도록 소원했다. 하지만 소용없었다.

5월 9일

세상이 우리에게 주는 가장 큰 행복감에 젖어도

우리는 끝내 충족되지 못한 채,

"주님, 사랑 가득한 당신의 마음으로부터

오는 기쁨을 누리게 하소서"라고 기도하겠지.

5월 12일

짐 엘리엇은 해외선교단체의 차기 회장으로 선출되었다.

죽지 않는 사랑

"하나님이 나에게 무엇을 원하시는지에 어떻게 알 수 있습니까?" 이 질문에 대한 이론적인 해답을 명쾌하게 제시할 수는 없지만, 우리에게 익숙한 질문임에는 확실하다. 아주 쉽게 하나님이 당신에게 바라시는 그 어떤 일도 하겠다는 것에서 시작하는 것은 어떤가? 그분은 주인이며 당신은 종인 것이다. 이것만이 합리적인 해답일 것이다. 나아가 하나님께서 원하시는 것이 정말 당신이 원하는 것일 가능성도 있는 것이다.

매사추세츠 학생 복지 담당관인 조앤 슈만은 요즘 십대들에 대해 이렇게 말한다. "제가 발견한 그들의 특징이자 놀라운 점은 바로 이기심입니다. 모든 일에 있어서 가장 중요한 질문은 '나에게 어떤 이익이 있는가?' 그리고 '다른 사람에게 어떤 일이 일어나도 난 상관하지 않아'이죠."

20대가 되기도 전에 임신을 하는 미혼모들이 매년 1만 명이

넘는다. 이것이 슈만의 관찰을 입증하는 자료인 듯하다. 요즘 청소년들은 원하는 것이 있다면 수단과 방법을 가리지 않고 얻으려 한다.

이런 이기심의 원천은 어디인가? 유감스럽게도 청소년들은 '다른 종류의 삶' 즉 다른 남자나 여자, 다른 직장 등 그들을 유혹하는 다른 어떤 행복을 위해 과감히 자신의 가정과 아이들을 버린 부모에게서 이것을 배운다. 만약 어떤 어머니 혹은 아버지가 "이것은 내 인생이니, 너희들은 빠져"라고 말한다면, 그들의 자녀 또한 똑같은 사고방식을 갖게 된다. 누가 이들에게 다른 삶의 방식을 보여주겠는가?

물론 그런 삶의 중간 중간에는 어떤 쾌락이 존재할 것이다. 사람들이 재미있어 하는 것들이 중간에 많이 있을지도 모른다. 그곳엔 아슬아슬함과 보상 그리고 '경험'들이 있을 것이다.

> 어떤 길은 사람이 보기에 바르나
> 필경은 사망의 길이니라
> 웃을 때에도 마음에 슬픔이 있고
> 즐거움의 끝에도 근심이 있느니라(잠 14:12-13).

여기에는 다른 길이 있다. 하나님의 명령을 사랑하고 그분의 약속을 갈망하는 것. 그 길은 기도와 순종으로만 찾을 수 있다.

그것은 나머지 길들과는 반대 방향으로 향한다. 그 길에 서면 시대의 흐름이나 변하는 사고방식이 더 이상 변명이 될 수 없다. 그것은 우리의 마음이 진정 쉴 수 있는 그런 곳이다.

> 너희 염려를 다 주께 맡기라 이는 그가 너희를 돌보심이라(벧전 5:7).
> 아무것도 염려하지 말고 다만 모든 일에 기도와 간구로, 너희 구할 것을 감사함으로 하나님께 아뢰라(빌 4:6).
> 그러므로 내가 너희에게 이르노니 목숨을 위하여 무엇을 먹을까 무엇을 마실까 몸을 위하여 무엇을 입을까 염려하지 말라 목숨이 음식보다 중하지 아니하며 몸이 의복보다 중하지 아니하냐(마 6:25).
> Merimna - "염려, 고민, 불안, 걱정"
> Merimnao - "불안해 하다, 마음이 나뉘다, 깊이 고민하다"

일기장에 왜 위의 구절들을 찾아 적었는지, 그리스어의 의미는 왜 적어 넣었는지에 대해서는 나와 있지 않았다. 너무나 오랜 시간 나의 삶에 그림자를 드리웠던 염려와 불안은 내가 그 단 하나의 옳은 길에서 벗어나 있었기 때문임은 명백하다. 조급하게 살아온 습관이 나를 올바른 길로 향하게 하지 못했음은 명백하다. 그래도 조심성 없는 오만함보다는 차라리 괜찮았다고 생각한다. 하지만 세월이 지나면서 하나님의 뜻에 대한 굳은 의지는 결코 실패를 두려워할 필요가 없음을 매번 확신할 수 있었다. 또한 그분의 인도하심에 대해서도 의심할 필요가 없다. 목자가 자신의 양이 어디로 향할 것인지에 대해 관심이 있다면, 그 양들이 그곳에 도착하는 것에는 더더욱 관심이 있지 않을까?

내가 네 갈 길을 가르쳐 보이고 너를 주목하여 훈계하리로다 너희는 무지한 말이나 노새 같이 되지 말지어다 그것들은 재갈과 굴레로 단속하지 아니하면 너희에게 가까이 가지 아니하리로다 악인에게는 많은 슬픔이 있으나 여호와를 신뢰하는 자에게는 인자하심이 두르리로다 너희 의인들아 여호와를 기뻐하며 즐거워할지어다 마음이 정직한 너희들아 다 즐거이 외칠지어다(시 32:8-11).

결심

하나님 안에서 내가 내린 결심과 짐과의 관계에서 오는 욕망이 충돌하고 있었다. 제자 됨은 우리를 자신의 욕망과 의무 사이에서 고민하게 만든다. 하지만 언제나 서로 배타적이지만은 않다. 우리가 순종하는 마음을 가지고 있다면 그것이 충돌인지 조화인지 구분할 수 있는 지혜가 우리에게 주어질 것이다. 하지만 이것 또한 아주 느린 절차를 거친다.

메모리얼 데이에 선교 교우회가 연못 옆에서 작은 피크닉을 열었다. 피크닉이 끝나고 나는 뒷정리를 도왔다. 짐도 정리를 도왔고, 나는 평소와 마찬가지로 그에게 신경이 쓰였다. 청소가 끝나고, 짐은 친구 두 명과 테이블 주위에 모여앉아 대화를 나누고 있었다. 빌과 벤은 뭔가를 열심히 얘기하고 있었고, 짐은 다리를 흔들며 나를 쳐다보고 있었다. 다른 사람들은 모두 자리를 떠난 후였다. 마지막 쓰레기를 휴지통에 버리고 있는데 그와 눈이 마주쳤고, 그가 나에게로 뛰어왔다.

"집까지 바래다줄까?"

"그래, 빌과 벤도 같이?"

"아냐. 쟤네들은 할 얘기가 많은가봐. 방해하고 싶지 않아."

우리는 침묵을 지키며 한 블록 반을 걸었다. 그러다가 갑자기 짐이 입을 열었다. "우리 서로의 감정에 대해 확실하게 해둘 필요가 있을 것 같아."

그가 갑작스럽게 단도직입적으로 말하는 바람에 당황스러웠다. 내가 바라던 바로 그 얘기가 펼쳐지고 있었다. '짐은 내게 마음이 있구나.' 그 역시 나에게도 비슷한 감정이 있으리라 추측하고 있었다. 나는 마음을 잘 숨겼다고 생각했기에 짐이 그러한 생각을 할 거라는 건 단지 추측일 뿐이다. 나는 짐이 내 감정을 조금이라도 눈치 채는 일이 없기를 바라며 정말 조심하고 있었기 때문이다. 물론 이것은 어디까지나 그가 나에게 먼저 고백을 하게 될 때의 얘기였다. 이젠 뭐라고 답변한단 말인가?

"서로에 대한 감정이라니? 어떤⋯."

"설마 베티. 내가 너를 사랑하는 걸 정말 몰랐단 말이야?"

"⋯난 정말 몰랐어."

"그럴 리가? 조금은 느꼈을 거야! 그렇지 않았다면 최소한 내가 괜찮은 놈이라고는 생각했니? 난 네게 잘 보이려고, 잘 해주려고, 네 가까이 있으려고 얼마나 노력했는데! 꼭 말로 하지 않더라도 행동으로 내가 널 얼마나 생각하는지 보여주고 싶었어. 그걸 몰랐단 말야?"

"조금은 느꼈어. 단지 믿기 두려웠을 뿐이야. 네가 나한테 관심을 가지리라고는 생각지도 못했거든. 더군다나…."

"사랑하고 있을 줄은? 하지만 지금 내가 얘기하잖아. 우리 이렇게 헤어지지 말자. 다시 연못 쪽으로 돌아가서 얘기 좀 할래?"

일곱 시간 뒤, 우리는 햇볕에 그을린 채로 기숙사 정문 앞에서 헤어졌다. 나는 내 방으로 올라갔다. 작지만 조용히 생각할 수 있는 나만의 공간이 있음에 감사했다.

무지개는 햇빛과 빗물이 만나서 만들어진다. 짐 엘리엇의 사랑은 마치 비구름으로 꽉 찼던 내 인생을 아름다운 색으로 바꿔 놓은 햇빛과도 같았다. 짐에게도 내 사랑은 그러했으리라.

그리고 나머지 빗물에 대한 설명은 연못 옆에서 짐이 설명해 주었다. 하나님이 짐에게 독신을 요구하고 계신다는 사실이었다. 어쩌면 평생, 아니면 정글의 선교사로서 그곳의 문화를 체험할 때까지일 수도 있었다. 다른 선교사들이 정글은 독신 선교사만이 감당할 수 있는 곳이라고 여러 번 강조했다는 것이었다. 여성에게 출입이 금지된 지역도 있었다. 짐은 그들의 말을 신뢰했고, 하나님이 원하시는 때까지 독신으로 선교에 헌신할 것을 다짐했던 것이다.

6월 3일

하늘에서는 주 외에 누가 내게 있으리요 땅에서는 주 밖에 내가 사모할 이 없나이다(시 73:25).

이것은 너희가 쉴 곳이 아니니 일어나 떠날지어다(미 2:10).

여호와께서 또 아론에게 이르시되 너는 이스라엘 자손의 땅에 기업도 없겠고 그들 중에 아무 분깃도 없을 것이나 내가 이스라엘 자손 중에 네 분깃이요 네 기업이니라(민 18:20).

…그가 사랑하는 자를 따라가서 나를 잊어버리고…(호 2:13).

진실함으로 네게 장가 들리니 네가 여호와를 알리라(호 2:20).

내가 여호와를 항상 내 앞에 모심이여…(시 16:8).

주께서 생명의 길을 내게 보이시리니…(시 16:11).

나의 걸음이 주의 길을 굳게 지키고 실족하지 아니하였나이다(시 17:5).

일기장에 성경구절을 적는 것이 아주 조심스러웠다. 그것은 나의 비밀을 남에게 들키는 것이 두려워서가 아니라, 나 자신이 없애야 하는 감정들에 대해 구체적으로 서술하는 것이 두려웠기 때문이다. 내 마음의 욕망보다는 하나님이 나에게 바라시는 일에 몰두하는 것이 더 나으리라 생각했다. 이제는 그것을 거부하지 않는다. 단단한 반석 위에 집을 짓는 유일한 방법은 하나님의 말씀을 듣고, (내가 나의 감정대로 행했다면 어떻게 하나님의 말씀에 귀 기울일 수 있었겠는가?) 그런 후에 행하는 것이었다.

위의 언급된 성경구절들은 나의 생각들을 형성하고 결정하는 귀감이자 경고의 말씀들이다. 상황에 모두 정확히 들어맞지 않는 것은 사실이지만 하나님이 어떤 진실을 일깨워주기 위해 나에게 주셨던 말씀들이라고 믿는다. 성령 하나님은 우리를 바른 길로 인도해 주기 원하시지만 그 길을 단번에 인도하지는 않으신다.

하나님은 알고 계실까?

그가 오실 때 그대는 그분을 알리라

북소리로 아는 것이 아니요

위엄으로나 외모나 머리의 면류관이나

걸치신 의복으로 아는 것이 아니요

그분의 임재로 그대 속에 성스러운

조화의 이루어짐으로 알리라.

짐과 연못에서의 대화 후에, 나는 그 성스러운 조화를 위해 기도했다. 거친 욕망의 파도가 하나님의 목표라는 잔잔한 강으로 흡수되기는 불가능에 가깝게 느껴졌다. 하지만 나는 무작정 기도했다.

우리는 연못가에 앉아 독신에 대해 어떻게 고민하고 기도해 왔는지에 대해 대화를 나눴다. 우리는 선교사로서 결혼을 한다는 것이 얼마나 어려운 일인지 알고 있었다. 짐은 결혼 상대자를 찾을 의향이 전혀 없다고 했다. 왜냐하면 이미 그 상대를 만났기 때문에.

"내가 결혼한다면 그 사람이 누구일지는 뻔하지. 물론, 그녀가 허락한다면…." 그러고 나서 짐은 멋진 미소를 지어 보였다. 나도 따라 미소를 지어 보였다. "내가 지금 청혼하는 것은 아니야. 아직은 그렇게 할 수 없어. 이건 네가 이해해줘야 할 부분이지. 나는 네게 청혼할 수 없고, 그렇다고 무작정 기다리라고 할 수도 없어. 너에 대한 모든 감정을 주님께 맡긴 상태야. 이젠 하나님이 뜻대로 하실 차례야."

정말 그럴까? 나의 마음은 질문으로 가득했다. 어쨌든, 하나님을 우선으로 생각하는 남자를 허락하심에는 감사했다. 하나님에 대한 감정이 나에 대한 감정보다 못 미치는 남자였다면 쳐다보지도 않았을 것이다. 하지만 짐은 단순히 마음만 곧은 사람이 아니었다. 그는 육체적으로도 튼튼한 남성이었다. 체격이 운동 선수다웠다. 굵은 목선, 넓은 가슴, 근육질의 팔과 다리. 머리는 갈색이고 피부는 매끄러웠다. 파란 눈에 새하얀 이 그리고 네모나게 각진 턱까지.

"너를 갖고 싶어, 베티!" 그는 말을 돌리는 스타일이 아니었다. "하나님에 대한 우리의 갈망은 같아. 그 점은 참 다행이야. 하지만 우리는 분명 다른 점도 있어. 나는 남자의 몸을, 너는 여자의 몸을 갖고 있어. 나는 너를 원하지만 너는 아직 내 것이 아니지."

그의 것이 아닌 하나님의 것. 이것은 분명한 사실이었다. 그럼 도대체 하나님은 우리 두 사람에게 어떤 계획을 가지고 계실까? 하나님은 대학생 두 명의 사랑에 신경이나 쓰실까? 우리의 목적이 그분의 눈 밖에 난 것은 아닐까? 이 모든 세상에 다 관여하시는 하나님이 우리 두 사람의 일에 신경 쓰실 겨를이 있을까?

> 누가 손바닥으로 바닷물을 헤아렸으며
> 뼘으로 하늘을 쟀으며 땅의 티끌을 되에 담아 보았으며
> 접시 저울로 산들을,
> 막대 저울로 언덕들을 달아 보았으랴(사 40:12).

> 너희가 알지 못하였느냐 너희가 듣지 못하였느냐
> 태초부터 너희에게 전하지 아니하였느냐
> 땅의 기초가 창조될 때부터 너희가 깨닫지 못하였느냐
> 그는 땅 위의 궁창에 앉으시나니
> 땅에 사는 사람들은 메뚜기 같으니라
> 그가 하늘을 차일 같이 펴셨으며
> 거주할 천막 같이 치셨고(사 40:21-22).

> 너희는 눈을 높이 들어 누가 이 모든 것을 창조하였나 보라
> 주께서는 수효대로 만상을 이끌어 내시고
> 그들의 모든 이름을 부르시나니
> 그의 권세가 크고 그의 능력이 강하므로
> 하나도 빠짐이 없느니라(사 40:26).

하나의 별도, 하나의 행성도, 운석이나 퀘이사도, 심지어는 블랙홀이나 흑색 왜성까지 하나님은 잊지 않으신다고 했다. 모든 것이 그의 창조물이기 때문이다. 그는 모두의 이름을 외우고, 각각 있어야 할 곳을 정확히 아신다. 그렇다면 하나님은 우리도 인도하실까?

> 야곱아 어찌하여 네가 말하며 이스라엘아 네가 이르기를
> 내 길은 여호와께 숨겨졌으며 내 송사는 하나님에게 벗어난다
> 하느냐 너는 알지 못하였느냐 너는 듣지 못하였느냐…
>
> 땅 끝까지 창조하신 이는 피곤하지 않으시며 곤비하지 않으시며
> 명철이 한이 없으시며 피곤한 자에게는 능력을 주시며
> 무능한 자에게는 힘을 더하시나니
> 소년이라도 피곤하며 곤비하며 장정이라도 넘어지며 쓰러지되
> 오직 여호와를 앙망하는 자는 새 힘을 얻으리니

독수리가 날개 치며 올라감 같을 것이요

달음박질하여도 곤비하지 아니하겠고

걸어가도 피곤하지 아니하리로다(사 40:27-31).

두 번째 이야기

사랑이 찾아오다

::

외로움 자체가 바로 주님께 바칠 제물이 되는 것이다.

사랑을 갈망하는 마음 자체가,

그런 마음을 완벽하게 이해하는 그분에게는

제물이 될 수 있는 것이다.

스며오는 통증과 같은 기다림

1948년 6월 1일

햇빛이 빛나는 날이다. 나는 시 한 편을 짐에게 보냈다.

6월 2일

"말의 찌꺼기는 방해물이 될 뿐이다"(짐).

6월 3일

짐이 나에게 가죽 표지의 찬양집을 선물했다. 책갈피에는 이렇게 적혀 있었다.

"베티에게, 내가 영으로 기도하고 또 마음으로 기도하며 내가 영으로 찬송하고 또 마음으로 찬송하리라 시와 찬송과 신령한 노래들로 서로 화답하며 너희의 마음으로 주께 노래하며 찬송하며 범사에 우리 주 예수 그리스도의 이름으로 항상 아버지 하나님께 감사하며(고전 14:15, 엡

5:19-20). 하나님께서 우리에게 당신에 대해 더욱더 많은 것을 설명해 주시기를(눅 24:27). 짐으로부터."

6월 4일

공부하기가 너무 힘들다. 잠을 청할 수도, 아침 식사를 할 수도 없다.

6월 6일

짐은 나에 대해 이렇게 적었다.

오 주여, 가슴이 터질 듯한
소용돌이치는 감정들과 맞서
끓어오르는 열정과 멈추지 않는 그리움,
마음 깊은 곳에서 스며오는 고통 틈에서
내 안의 버팀목으로써
예수 그리스도의 단단한 벽이 맞서게 하소서

영혼을 빨아들일 듯 밀려오는 욕망의
뒤늦은 공격을 막아낼 수 있도록
신앙의 요새로 내 안에 자리 잡으소서.
예수님의 이름으로 기도합니다.

다음 날 저녁, 우리는 함께 산책을 하며 각자 마음속으로 붙들고 있는 말씀을 나누었다. 짐은 마태복음 19장 12절의 "어머니의 태로부터 된 고자도 있고 사람이 만든 고자도 있고 천국을 위하여 스스로 된 고자도 있도다. 이 말을 받을 만한 자는 받을지어다"라는 말씀을 나눠주었다. 그는 자신이 세 번째 부류에 속한다고 했다. 짐은 하나님의 뜻이라면 결혼마저도 포기할 수 있는 그런 사람이었다. 그리고 지금 그것을 굳게 다짐하고 있는 셈이었다.

나는 이사야서 54장 5절 말씀을 나누었다. "이는 너를 지으신 이는 네 남편이시라 그의 이름은 만군의 여호와이시며…." 두 번째는 고린도전서 7장 34-35절이었다. "시집 가지 않은 자와 처녀는 주의 일을 염려하여 몸과 영을 다 거룩하게 하려 하되 시집 간 자는 세상 일을 염려하여 어찌하여야 남편을 기쁘게 할까 하느니라 내가 이것을 말함은 너희의 유익을 위함이요 너희에게 올무를 놓으려 함이 아니니 오직 너희로 하여금 이치에 합당하게 하여 흐트러짐이 없이 주를 섬기게 하려 함이라."

그리스도인이라면 누구든지 이 말씀에 자신이 포함될 가능성을 배제해서는 안 된다. 한 번쯤은 생각해야 할 구절이다. 짐과 나는, 물론 다른 것에서도 그랬지만, 이번에도 우리의 생각들이 잘 조화를 이룬다는 점에 대해 놀라워했다. 그러면서도 이런 조화로움에 현혹되어서도 안 된다고 서로에게 충고했다. 많은 죄가 이런 조화로움을 변명으로 삼기 때문이다. 우리는 하나님이 우리에게 뚜렷한 길을 제시하시기 전까지 조용히 침착하게 기다리는 것이 최선의 방도라는 결론을 내렸다.

침착한 기다림

나는 기다리는 법을 배우기 시작했다. 침착하게 기다리는 일은 대부분의 사람들에게 쉽지 않지만, 성경에는 기다림의 중요성에 대한 많은 말씀이 있다. 특히 믿음을 배우고자 하는 사람에게는 아주 중요한 훈련이라고 하겠다.

1948년 6월 9일
"주의 진리로 나를 지도하시고 교훈하소서 주는 내 구원의 하나님이시니 내가 종일 주를 기다리나이다"(시 25:5).

"너희 하나님 여호와께서 너희와 함께 계시지 아니하시느냐 사면으로 너희에게 평온함을 주지 아니하셨느냐…"(대상 22:18).
어젯밤 인도의 선교사였던 에이미 카마이클이 쓴 『창』(Windows)이라는 시집에서 43장을 읽었다. "적나라하게 드러난 외로움의 깊이… 반

짝이는 모래 위로 뜨거운 바람이 휩쓰는 광야, 이것들은 그분에게 무엇이란 말인가? 그곳에서조차 그분은 우리를 재창조하시고, 우리를 새롭게 하실 수 있다."

일기를 쓴 그날 저녁에는 짐과 근처의 묘지로 갔었다. 우리는 넓은 돌 위에 걸터앉았다. 나는 우리가 깊은 관계로 발전한다면 하나님의 인도하심을 기다리는 것은 의미가 없을 거라고 말했다. 어떤 '선'을 긋는 것이 합리적이지 않을까? 물론 그때 그런 표현을 쓰지 않았지만 그런 의미의 말을 했다. 우리 사이가 더 가까워지지 않는 것이 서로에게 더 유익하고 이성적 판단을 하는 데 도움이 될 것 같다고.

짐은 내 말을 듣고 잠시 생각하는 듯했다. 그러고는 성경공부 때 들은 이야기를 해주었다. 그것은 다름 아닌 아브라함이 자신의 가장 아끼는 소유물, 즉 아들 이삭을 제물로 바치는 유명한 일화였다. 짐은 "나도 너를 하나님께 드릴 제단에 올려놓았어"라고 말했다. 그 순간 머리 뒤로 비치는 달빛을 받아 묘지에 있던 십자가 모양의 비석 그림자가 우리 쪽으로 늘어졌다. 우리는 꽤 오래 입을 다물고 앉아 있었다. 하나님께서 보여주신 십자가의 그림자가 무엇을 뜻하는지 고민하면서.

아브라함의 순종은 하나님에 대한 자신의 완전한 사랑을 구약시대의 방법으로 입증한 것이었다. 그는 하나님이 주신 아들과 그에 따른 모든 약속들도 포기할 수 있는 믿음의 소유자였다. 십자가 그림자의 의미를 생각해 보느라 우리는 혼란스러웠다. 침묵이 계속되자 짐이 말했다. "그럼 이제 남은 잿더미는 어떻게 하지?" 시간만이 대답해줄 것이다.

최근에 한 여성이 이런 내용의 편지를 보내왔다. "시간을 두고 참을성 있게 기다려보는 것은 앞으로의 길을 인도받는 중요한 요소인 것 같아요. 하나님께 순종하고자 오랜 시간 침착하게 기다리신 선생님과 남편의 얘기를 듣고 저절로 탄성이 났습니다. 그렇다면 그러한 기다림이 상대방에 대한 확신 없이도 꼭 필요한 것인가요?"

내가 겪은 기다림의 시간이 그녀에게도 필요한지에 대한 정확한 답을 줄 수가 없었다. 그녀는 내가 아닌 하나님의 인도하심이 필요한 것이다. 하지만 하나님의 뜻을 기다리는 데 있어서 미래에 대한 불안감을 견디는 인내심이 꼭 필요한 요소임에는 확실하다. 비록 하나님께서 아직 기도에 응답하지 않으셨더라도 흔들림 없이 오직 그분에게 온 마음과 정성을 드리는 마음가짐이 필요하다. 기다리기보다는 자신을 속이며 영속적이지 못한 결론을 내리기가 매우 쉽기 때문이다.

진정으로 나의 마음은 하나님의 응답을 기다립니다.

오직 주만이 나를 구원하소서.

그는 나로 하여금 흔들리지 않도록 하는,

나의 참 구원의 반석이요, 나의 힘의 원천이시나니

나의 형제들이여, 항상 하나님을 의지하라,

그리고 너희들의 마음을 열라.

하나님은 우리의 피난처가 되시느니라.

거센 바람을 막아주는 장벽이나 두터운 외투와도 같이 하나님은 우리가 사랑이라고 부르는 매우 소중한 것을 지켜주시는 피난처가 되신다. 자신이 사랑했던 그 사람 없이는 한평생 외롭게 살아갈 수밖에 없을 것 같은 두려움 속에서 우리를 건지시는 피난처가 되신다. 하나님만 믿고 의지한다면 모든 것을 주관하실 것이라는 믿음에 대한 끊임없는 반문과 만약 '하나님께서 책임지지 않으신다면 어떡할까?' 하는 의심과 공포에서 우리를 지키시는 것이다.

그렇다. 묵묵히 기다리는 것이야말로 가장 어려운 일이다. 나는 누군가에게 짐에 대한 얘기를 하고 싶었고, 짐에게 얘기하고 싶어서 속으로는 안달이 났다. 하지만 우리 마음속 가장 깊은 생각들에 대해선 더욱 잠잠할 필요가 있다는 것을 깨달아야 한다. 최소한 하나님과 그 문제들에 대해 충분히 상의하기 전까지는 말이다.

『국왕 목가』(Idylls of the king)에서 아더 왕이 보스경에게 성배를 보았냐고 묻자, 그는 이렇게 대답했다. "묻지 마옵소서, 전하. 제가 그것을 보았기 때문에 말씀 드릴 수가 없사옵니다." 그의 눈에선 눈물이 흐르고 있었다.

누가복음에서 언급하기를 예수님이 매일 성전에서 말씀을 전하시는 기간에 감람산으로 올라가셔서 밤을 새곤 했다고 한다. 예수님께서 낮에 사람들에게 전했던 말씀은 바로 그 산에서 홀로 가졌던 조용한 묵상의 시간에서 나온 말씀이었다.

졸업을 사흘 앞두고 나는 일리노이 주의 글렌 오크에 위치한 작은 공원에서 짐과 함께 있었다. 우리는 말 없이 주위의 꽃과 연못, 새와 곤충과 햇빛을 둘러보았다. 가슴속에는 밖으로 내뱉고 싶은 말들이 너무 많았다("당신을 사랑해요, 당신 없이는 못 살겠어요, 어떻게 나에게 이럴 수 있죠?" 혹은 "더 이상 견딜 수가 없어요" 등 참을성이 막바지에 다다른 여인이 생각해 낼 수 있는 많은 말들).

하지만 나는 하고 싶은 말들을 모두 참을 수밖에 없었다. 참는 것이 내가 할 수 있는 최선이었다고 생각한다. "묵비권을 행사할 수 있는 모든 기회를 놓치지 말라"는 속담은 하나님이 우리에게 주시는 말씀과 흡사한 구석이 많다. "미련한 자라도 잠잠하면 지혜로운 자로 여겨지고(잠 17:28), …따라가며 말하려 할지라도 그들이 없어졌느니라(잠 19:7), …말이 많으면 허물을

면하기 어려우나 그 입술을 제어하는 자는 지혜가 있느니라(잠 10:19)".

그날 오후 짐과 나는 연못과 태양, 새들을 함께 바라보며 감사함을 느꼈고, 그건 그 당시 우리가 할 수 있는 매우 안전한 형태의 의사소통이었다. 우리가 마음을 좀 더 대담하게 표현할 시간은 하나님께서 그 후에 허락하실 문제였다. 내일이란 시간은 우리가 관여할 바가 아니다. 하나님께서 알아서 하실 영역이다. 그날 우리는 그러한 문제를 모두 맡기는 법을 배웠으면 되는 것이었다.

"하나님께서 저에게 언젠가는 남편을 주실 것이라고 생각하세요? 저는 지금 참을성의 법칙을 배우고 있어요. 제가 얼마나 더 배워야 하는지 알고 싶어요." 1982년에 받아본 편지에 쓰여 있던 말이었지만, 이건 내가 1948년에 쓰려 했던 편지와 너무도 흡사했다. 내가 그 당시 느꼈던 감정과 너무도 유사했던 것이다. 하나님께서 나에게 알려만 주신다면…. 물론 하나님이 나에게 평생 남편을 주시지 않을 가능성도 항상 있었다. 그것까지도 알고 싶었을까? 만약 그랬다면 나는 그 사실을 받아들일 준비가 되어 있었을까? 어쩌면 그럴 경우에는 미리 알기보다는 계속 희망을 갖고 살아가는 편이 나을지도 모르는 일이었다.

하나님이 제시하시는 참을성의 법칙은 우리가 그분의 뜻을 기다려야 할 진정한 자세를 제시하고 있다. 해외여행을 많이 해 본 사람들은 가끔 이런 경험을 해보았을 것이다. 비행기가 도착지점에 거의 다 와서 하강하던 도중 다시 솟아오른 후 같은 지점에서 빙빙 도는, 그러다가 곧 다음과 같은 방송이 나온다. "승객 여러분, 기장입니다. 지금 ○○공항에 착륙을 요청하는 비행기들이 많아서 잠시 착륙이 지연되겠습니다." 사람들은 불안해하고 아기들은 울기 시작한다. 창밖으로는 15분 전의 경치가 되풀이되고 있다. 그러고는 갑자기 입국장에서 기다리고 있는 그 누군가가 떠오른다. 만약 그 사람과 만나지 못하거나 약속했던 장소에 제시간에 나가지 못할 경우를 생각해본다. 그러고는 기장이 정확히 몇 분 동안 착륙이 지연될 것이라고 정확히 말해 주면 얼마나 좋을까를 생각한다. 언제까지 이렇게 빙빙 돌고 있어야 하는 걸까?

 S. D. 고든은, 그의 책 『조용한 기도』(*Quiet Talks on Prayer*)에서 기다림을 다음과 같이 표현하고 있다.

 부동하며 확고히 자리를 지키고 있는 시간.
 참을성은 계속해서 고통을 호소하고
 희망은 무엇인가를 찾아 끊임없이 두리번거리며
 명령만 떨어지기를 기다리고 있는 상태.
 무언가 들리려나 조용하게 귀 기울이고 있는 상황.

오 주여, 제가 얼마나 더 기다려야 합니까?

나의 사랑하는 자녀야. 걱정하지 말고 나를 믿어라!

희생의 제물

졸업이 가까웠다. 그 말은 우리 둘이 지금처럼 자주 쉽게 만날 수 있는 날이 얼마 남지 않았다는 뜻이기도 했다. 나의 졸업을 축하하려고 가족들이 찾아왔다. 나는 가족들과 시간을 보내야 할지, 아니면 짐과 함께 있어야 할지 매번 선택을 해야 했다. 어느 때는 가족들이 이기고 어느 때는 짐이 이겼다.

학교 연못에서 짐과 거닐던 날, 짐이 말문을 열었다. "앞으로는 아마 힘들어질 거야. 우리가 생각했던 것보다 더." 다음날은 주일이라서 짐과 산책을 멀리 가지 못하고 대신 잔디밭에 돗자리를 깔고 앉아 있었다. 아침 이슬에 머리가 망가졌고, 모른 척 해주었으면 했는데 짐은 "야, 이제야 본 모습이 나오는군!" 하며 놀렸다.

그날이 아마도 처음으로 스킨십이 있었던 날로 기억된다. 그는 손등으로 나의 볼을 쓰다듬었다. 작은 행위였지만 나에게 너무나 큰 의미가 있었다. 집에 돌아와서도 그날의 일을 수없이 떠올렸다.

그날 일기장에 적은 성경구절은 다음과 같다. "불에 견딜 만한 모든 물건은 불을 지나게 하라(민 31:23),… 너희의 하나님 여호와께서 너희가 마음을 다하고 뜻을 다하여 너희의 하나님 여호와를 사랑하는 여부를 알려 하사 너희를 시험하심이니라(신 13:3),… 하나님이여 주께서 우리를 시험하시되 우리를 단련하시기를 은을 단련함 같이 하셨으며(시 66:10)."

정결함의 대가는 비싸다. 그것에서 나 또한 예외일 수 없다. 그래서일까. 내가 무슨 책을 펴든 언제나 이와 똑같은 영적 원리를 강조하는 문구가 나왔다.

요즘 당신에게 다윗이 갈망했던 베들레헴 우물물과 같은 역할을 하는 것은 무엇입니까? 사랑, 우정, 영적인 축복? 영혼을 위험에 빠뜨리면서까지 당신은 그것으로 만족을 얻겠지요. 만약 그렇다면 하나님 앞에 다 내려놓는다는 것은 불가능한 일일 겁니다. 어떻게 하면 사랑이라든지 우정, 혹은 영적인 축복을 하나님께 다 맡길 수 있겠습니까? 어찌하면 그것들을 하나님께 드릴 수 있겠습니까?

오직 한 가지 방법만이 있을 뿐입니다. 바로 마음속으로 결단을 내리는 일이지요. 단 몇 초 만에 할 수 있는 일입니다. 내가 영적인 축복이라든지 우정 따위를 하나님 앞에 내려놓지 않는다면 그것들이 아무리 아름답다고 해도 오염될 수밖에 없습니다. 그것들을 희생하는 것처럼 보일지라도, 모든 것을 하나님이 주관하시도록 다 내어드려야 합니다. 마치 다윗이 우물물을 땅에 버렸듯이.

위의 이야기에서 오스왈드 챔버스는 다윗이 전쟁 도중 아둘람 동굴에 있을 때의 일을 얘기하고 있다. 다윗은 갑자기 베들레헴의 우물물을 마시고 싶은 열정에 휩싸였고, 그의 부하 세 명이 목숨을 걸고 블레셋 군사의 포위망을 뚫고 나가 그것을 그에게 가져다 주었다. 다윗은 그것을 보자마자 땅에 부어버리며, '부하들의 피'와 같은 물을 마시기를 거부했다.

때로 하나님은 우리에게 이미 주신 것을 희생의 제물로 바치라고 요구하신다. 그것이 다른 사람들에게는 사소한 것으로 비칠지는 몰라도, 우리가 그것을 드렸을 때 하나님은 항상 열납하신다.

하나님이 아브라함에게 그의 아들 이삭을 제물로 바치라고 요구하신 이야기의 핵심은 무엇인가? 이 이야기는 '이교도들이나 하는 짓'이라는 비난을 받으면서 종종 잘못 해석되어 왔다. 우리가 주님께 바치는 것이 때로는 바보스럽고 미친 짓 같아 보일지 몰라도, 하나님은 매번 그것들을 받으신다. 우리가 아끼는 것이 무엇이든 하나님께서는 그것조차 우리가 희생의 제물로 드리기를 원하신다. 예수님도 우리에겐 쓸데없이 보였던 여인

사랑이 찾아오다 95

네들의 선물을 아무 말씀 없이 받아주셨다. 나도 1948년에는 이 가르침을 잘 이해하지 못했지만 하나님과 함께하면서 점점 선명하게 이해할 수 있게 되었다.

외로움을 호소하거나 사랑을 갈망하는 이들이 나에게 상담을 요청할 때마다 나는 이 진리를 설명하기 위해 애쓴다. 그들에게 "주님께 바치세요"라고 말한다. 외로움 자체가 주님께 바칠 제물이 되는 것이다. 사랑을 갈망하는 마음 자체가, 그런 마음을 완벽하게 이해하시는 그분에게는 제물이 될 수 있는 것이다. 그분의 손에 제물이 맡겨질 때 비로소 그것은 다른 사람에게 유용하게 쓰일 수 있는 다른 것으로 환원된다. 그럼 하나님은 그런 것을 가지고 무엇에 어떻게 쓰실 것인가? 그것은 알 필요가 없다. 하나님이 알아서 하실 일이기 때문이다.

아침에 졸업식을 마쳤다. 오후에 텍사스 행 기차를 타야 했는데, 짐이 나를 시카고 기차역까지 태워주었다. 나는 그가 안전선을 무시하고 뛰어 들어와서 나를 꽉 껴안은 채, 기차가 떠날 때까지 나에게 키스해 주길 원했다. 분명 내 마음 한 구석에선 그런 것을 원하고 있었다. 물론 다른 한쪽은 안 된다고 말하고 있었지만.

오클라호마까지는 먼 길이었다. 중간 중간에 스프링필드, 캔자스시티, 위치타 등 여러 도시를 거쳤다. 기차가 정차할 때마다 졸다가 깬 나는 짐이 곤히 잠들어 있을 것을 상상하며 점점 멀어져가는 그와의 거리를 계산했다. 그는 고향인 오리건으로 돌아가기 전 그의 숙모 댁에서 몇 주간 더 머물 예정이었다. 나는 공책에 베껴온 엘리스 메이넬의 시 한 편을 꺼내어 완전히 외울 정도가 될 때까지 읽고 또 읽었다.

우리의 헤어짐이, 마지막 이별이
숲속의 나무처럼 잔잔하고 우아했으면…
우리의 지난날들의 추억으로
빛나는 광채가 살아있는 우리의 눈 속에서
한 번의 웅장한 모습이 있게 하소서.
아름다움에 견주기엔 너무도 광범위한
떨리는 입술과 불타는 눈물의 홍수 속에서도.

하지만 기차역에서 짐은 떨리는 입술도, 흐르는 눈물도 보이지 않았다. 악수를 나눈 후(손을 꽉 맞잡았다는 표현이 더 어울리겠다), 짐은 내가 승강장을 건널 때까지 그 자리에 서 있었다. 내가 좌석을 찾아 기차의 가장 끝 칸으로 도달할 때까지 그는 움직이지 않았다. 나는 기차에 오르기 전 그에게 손을 흔들어 보였다.

열정보다 한층 더 높은 명예

나의 이야기가 이상하게 들리는가? 요즘 시대에 어울리지 않는 진부하고 고지식한 얘기라고 느껴지는가? 만약 그렇다면 우리는 명예를 상실한 시대에 살고 있다. 사회의 모든 가치체계와 관계에서 가장 기본이 되는 것이 바로 명예이다. 명예 말고 우리가 또 무엇을 위해 자신을 희생할 수 있겠는가? 무슨 사상이나 목표, 열정 아니면 다른 무언가가 있을 테지만 그것을 찾기란 여간 어려운 것이 아니다. 17세기 문학가 리처드 러브레이스의 작품 '루카스타에게, 전쟁터로 향하며'라는 시에는 이런 구절이 있다.

> 사랑하는 이여, 그대의 순결한 가슴과
> 정숙한 심성이 머무르는 수녀원을 떠나
> 전쟁터와 군대로 도망친다고
> 나를 매정하다고 하지 마오…

연인이여, 더 이상 그대를 사랑할 수 없소.

사랑을 받는 만큼 명예는 사라질 테니.

나는 이 글을 쓰며 아직도 명예를 가치 있게 여기는 이들이, 그것이 혼자만의 생각이 아니라는 사실에 안도하기 바란다. 요즘에도 자신의 욕망이나 열정보다 명예를 더 가치 있게 생각하는 사람들이 분명 있다. 물론 그런 사람들이 현대 사회 전체적으로 볼 때 절망감을 느낄 수도 있겠지만 말이다.

실제로 대다수의 사람들은 안전이나 명예, 자존감, 사랑하는 사람들의 미래, 하나님에 대한 순종까지도 자신의 열정을 위해서라면 버린다. 그들은 그렇게 하는 것이 하나님께 순종하는 것이라고(또는 하나님이 별로 개의치 않을 것이라고) 자위하며, 자신의 자유와 용기, 솔직함과 우월성을 자랑스럽게 여길 것이다.

선한 것을 행할 가능성이 높으면 높을수록 악을 행할 가능성 또한 높아진다. 나와 짐이 서로에게 느낀 사랑에서 우리는 그것을 발견했다. 우리가 느끼고 경험하는 것들은 자연스럽고도 좋은 하나님의 선물이지만 그것을 받아들이면 동시에 그에 따르는 절제와 조절, 때로는 희생까지도 더 크게 따른다. 그것들은 하나님 안에서 다시 정화되고 다시 태어날 필요가 있다.

그럼에도 짐과 명예를 주제로 대화해 본 기억은 없다. 다만 짐은 여성으로서의 나의 명예를 지켜주었으며, 나는 남성으로

서의 짐의 명예를 존중해 주었다. 우리는 남성과 여성으로서 서로 차이가 있음을 알고 놀라기도 했지만 대체로 잘 지냈다. 다른 환경에서 형성된 가치관들로 가끔 충돌을 일으키기도 했지만 우리의 가장 중요한 가치관인 하나님의 말씀으로 그것을 완화해 나갔다. 우리는 하나님의 소유이며, 우리에 대한 모든 특권이나 권한은 하나님에게 있다. 하지만 변치 않는 확고한 공통된 가치관을 가지고 있는 사람들조차도 서로 부딪치며 부서지고, 때로는 기다려주는 과정을 겪을 필요가 있다. 어쩌면 다른 많은 부부들이 오히려 우리보다 훨씬 쉽게 이 과정을 통과했을지도 모른다.

어쨌든 우리는 우리가 가야 할 길을 정확히 알고 있었으며, 그 길을 갔다. 떨어져 있었지만 짐은 항상 나에게 든든한 보호막이 되어 주었고, 나는 슬퍼하거나 조급해하지 않고 묵묵히 그를 기다렸다.

다음은 하나님을 향한 사랑의 절제력을 아름답게 표현한 크리스티나 로제티의 시다.

> 나를 믿으세요. 나는 당신의 질책을 받을 만한 사람이 아닙니다.
> 둘 중 하나를 잃어야 한다면, 하나님을 선택할 것입니다.
> 하나님을 가장 사랑하는 나를 원하신다면
> 이미 포기한 것을 되돌아 본

롯의 아내를 보듯, 저를 보지 마세요.

이 말에 대해 내가 대가를 치르고

하나님의 가장 낮은 종이 된다 하더라도 변함없어요.

하나님은 가장 불쌍한 양을 지팡이로 돌보시고

나는 결코 하나님을 사랑하는 이상으로

당신을 사랑할 수 없을 거예요.

내가 그분을 더 사랑하니

그 이유로써 당신을 사랑할 수 있게 해주세요.

그래요, 내가 생각하기로는

내가 그분을 이처럼 사랑하지 않고서는,

결코 당신을 사랑할 수 없을 겁니다.

당신을 이처럼 사랑하지 않고서는,

그분을 사랑할 수 없을 겁니다.

작은 죽음들

내가 언어학을 공부했던 오클라호마 주립대학에는 규모가 제법 큰 경기장이 있었다. 무더운 여름에는 경기가 열리지 않았기 때문에 나는 가끔 시원한 그늘이 있는 관중석 꼭대기 줄에 올라가서 사색을 하기도 하고, 오클라호마의 저녁노을을 감상하기도 했다. 혼자 앉아서 공부하고 생각하고 기도하기엔 안성맞춤인 장소였다.

하지만 나의 생각과 기도가 온통 짐에 관한 것이어서 내심 속이 상했다. 그는 모든 생각에 끼어들었고, 공부를 방해했으며, 성경구절을 읽을 때도 아른거렸다. 급기야는 기도마저 방해하고 있었다. 하나님께서 흙에서 태어난 우리 인간의 본질을 아시고 자신을 경외하는 자에게 자비를 베푸시는 분이라는 것이 다행이었다. 그분은 짐과 나를 포함한 모두를 사랑하셨고, 우리가 서로를 어떻게 사랑하는지도 정확히 알고 계셨다. 심지어 우리가 길을 잘못 들어섰을 때조차 그 길을 통해 우리를 다시 원래의 곳으로 이끄신다.

누군가가 치통이 가장 큰 고통이라고 말한 적이 있다. 상사병은 다른 큰 고통들에 비해 아주 미약하게 보일지 모르지만, 사랑의 열병에 걸린 사람 또한 병환에 시달려야 한다. 우리 주 하나님은 그것을 이해하고 계신다. 우리의 마음 깊은 곳에 하나님을 향한 믿음이 있다면 우리를 영광의 길로 인도하신다. 우리가 시편 78편 8절에서 묘사하는 "마음이 정직하지 못하며 그 심령이 하나님께 충성하지 아니하는 세대"가 아니라면 말이다.

7월 3일
"우리의 마음은 위축되지 아니하고 우리 걸음도 주의 길을 떠나지 아니하였으나 주께서 우리를 승냥이의 처소에 밀어 넣으시고 우리를 사망의 그늘로 덮으셨나이다"(시 44:18-19).

저는 기다립니다.
오 주여, 당신의 계획을 나는 알 수 없으니
당신의 사랑 너무 고귀하니
당신의 그림자 아래에
나를 붙드소서.
주님의 얼굴의 빛을 비추시는 것으로 충분하나이다.

사랑이 찾아오다

나는 기다립니다.

주께서 나에게 그렇게 하라고

명령하셨기에

나의 마음은 놀라움으로 가득 차 있습니다.

나의 영혼은 "왜?"라고 묻습니다.

그러고는 조용한 음성을 듣습니다.

"오직 하나님만을 기다리라."

그리하여 나는

암흑에 싸인 길 앞에서

당신을 위하여

기다립니다.

짐의 동생인 버트는 나와 같은 대학에 다녔다. 가끔 채플 시간이면 버트를 볼 수 있었는데, 그는 자기 형과 여러가지 면에서 닮은 점이 많았다. 저녁을 먹은 후에 함께 피아노를 치며 각자 좋아하는 곡을 가르쳐주기도 했다. 그는 노래하는 것도 짐과 많이 닮았다. 꾸밈이 섞이지 않은 남성적인 음성이다. 버트의 존재는 내가 짐에 대해 끊임없이 회상하게 만들었다.

애디슨 리치가 말했다. "하나님의 뜻이 사람의 뜻과 충돌할 때, 둘 중 하나는 죽어야 한다." 삶은 작은 죽음들을 끊임없이 요구한다. 그때 우리는 우리 자신에게 '안 돼'라고 하며 하나님께 복종할 수 있는 기회를 얻게 되는 것이다.

바울은 이렇게 말했다. "우리 산 자가 항상 예수를 위하여 죽음에 넘기움은 예수의 생명이 또한 우리 죽은 육체에 나타나게 함이라." 우리에게 있는 모든 것이 다 죽어 마땅하다는 말은 아니다. 예수님께서 "내 원대로 마시옵고"라고 말씀하셨을 때, 그분 안에 있는 그 어떤 것이 악해서였다고는 할 수 없을 것이다. 하나님의 사랑을 위해 모든 것을 포기하는 것은 그분의 결정이었다. 그 선택은 우리에게도 주어졌다.

버트의 모습을 볼 때, 그의 노래를 들을 때, 같은 수업을 듣는 학생 부부를 볼 때, 연못가에서의 즐거운 추억들이 떠오른다. 유니온 역에서 나에게 손을 흔들던 그를 떠올린다. 이것은 작은 죽음들이다. 큰 죽음뿐 아니라 그런 작은 죽음들 또한 계속되어야 한다. 나에게 조금이라도 의미가 있던 모든 기억을 포기해야만 했다.

하지만 여기에는 큰 여지가 있다. 우리는 단순히 죽은 자가 되기 위해 죽는 것이 아니라는 점이다. 하나님께서 친히 생명의 호흡을 불어넣어 만드신 피조물들에게 그런 것을 원하실 수는 없다. 우리는 살기 위해 죽는 것이다. 우리는 더 고귀한 삶을 위해 죽음을 맞이해야 할 것이다.

어두운 대지 속으로 떨어진 씨앗은 곧 죽음을 맞이한다. 그 죽음으로 말미암아 더욱 풍성하고 새로운 삶이 탄생하는 것이다. 프란시스 성자가 말했듯이, "우리를 내어줌으로써 우리가 받을 수 있고, 우리가 용서함으로써 우리 자신도 용서받을 수 있는 것이다. 우리가 죽음으로써 영원한 삶을 얻을 수 있는 것이다."

이것을 믿기 위해서는 믿음이 필요하다. 농부가 씨를 뿌릴 때의 마음이 필요하다. 그런 마음을 갖고 살아가려면, 그런 행동을 하는 것에는 믿음이 필요하다. 마지막에 올 벅찬 감동에 대한 믿음이 있어야 하는 것이다. 믿음이 없다면 분노와 원망만 찾아올 것이며 절망감에 사로잡힐 것이다. 그 후에도 파괴만이 계속된다.

죽음에서 삶으로

7월 4일, 오클라호마

운동장 계단 높은 곳에서 멋진 저녁노을을 바라보며 긴 사색의 시간을 가졌다. 기도와 명상을 하면서 나는 세 가지를 발견할 수 있었다.

첫째, 작은 무지개를 보았다. 구름 사이로 약간 보이는데 그쳤지만 나는 그 무지개가 나를 위한 것임을 느꼈다. 어떤 좋은 것에 대한 약속의 징표처럼 느껴졌다. 무지개가 끝나는 다른 한쪽 끝이나, 무지개 전체의 모양은 구름에 가려 보이지 않았지만 나는 그것이 하나님의 약속의 증거임을 알 수 있었다.

둘째, 그러고는 금색으로 빛나는 구름들이 다가왔다. 그 구름들을 황금색으로 빛나게 할 만한 요소나 그 구름들을 빛나게 할 어떤 장치도 없었지만 태양만은 화려하게 그 구름을 비추고 있었다. 하나님은 그저 평범한 나에게 빛을 비추시는 존재와도 같다. 그분은 나에게 빛을 비추어 평화를 주고 은혜를 주신다.

셋째, 주님은 "한 알의 밀이 땅에 떨어져 죽지 아니하면 한 알 그대로 있고 죽으면 많은 열매를 맺느니라"(요 12:24)는 말씀을 들려주셨다. 그것은 우리에게 있었던 아주 작은 희망에서 시작한다. 아주 작지만 땅에 묻혀 있는 희망. 하나님께 물을 구하면 그 어둡고 죽은 것 같은 것에서 과실이 맺힌다. 그분은 어떤 열매를 이끌어내실까? '나'라는 작은 씨앗에서도 그분은 영적 열매를 맺게 해주실 것이다. 아주 작은 것이라도 사랑, 기쁨, 평화로움, 인내, 부드러움, 선함, 온순함, 절제에 대해 배울 수 있으리라.

추수를 허락하시는 이여
우리에게 황금빛 추수와 알갱이를 보여주소서.
우리가 밀 한 알을 심어 놓은 곳에서.
_ 에이미 카마이클의 '예루살렘을 향하여'

7월 5일

오늘 저녁노을은 붉은 황금빛이다. 서쪽으로는 얇은 구름떼가 펼쳐져 있다. 나는 그 자리에 앉아서 시편 56편과 57편을 읽었다. "무릇 주의 인자는 커서 하늘에 미치고 주의 진리는 궁창에 이르나이다. 하나님이여 주는 하늘 위에 높이 들리시며 주의 영광이 온 세계 위에 높아지기를 원하나이다"(시 57:10-11).

그분의 자비는 너무나도 놀랍게 느껴진다. 단지 내가 더욱더 열렬하게 주님께 내 자신을 바치지 못한 것이 아쉬울 뿐이다. 오늘은 갑자기 이런 생각이 들었다. 그분이 나에게 5년을 기다리라고 하신다면? 생각만 해도 두렵다. 하지만 태초부터 이 세상 끝날 때까지 계속될 것 같은 하나님의 자비가 5년 안에 식을까?

그 5년의 시간 또는 그보다 더한 시간을 기다림으로 살아갈 때 우리가 읽는 영적인 책들은 어쩌면 힘든 현실 세계와는 동떨어진 신앙 도서쯤으로 다가올 수 있다. 하지만 나에게는 죽음으로써 새로운 삶을 살게 되는 원리를 너무도 아름답게 묘사한 릴리아스 트로터의 『십자가 이야기』(*Parables of the Cross*)라는 책이 있었다.

그 책은 우리가 마주치는 온갖 어려운 현실의 모든 부분들을 다루고 있다. 운동장에서 주님은 무지개와 황금빛 구름과 저녁노을을 통해, 그리고 밀알에 관한 말씀을 생각나게 하셔서 내게 진정한 위로를 주셨다. 내면의 아픔으로 인한 번뇌를 호소하던 내게 주님은 평화를 주셨다.

눈이 있어 볼 수 있는 자와 귀가 있어 들을 수 있는 자에게는, 한 그루의 단풍나무도 큰 교훈을 준다. 마지막으로 치달으며 죽음을 준비하는 그 순간이 얼마나 아름다운가? 붉은 나뭇잎은 십자가를 상징하는 것이리라. 겨울이 오고 눈이 내리면 모든 것은 차갑게 얼어붙는다. 그때 나무는 앙상한 해골과도 같은 모습이지만 우리가 눈으로 볼 수 없는 깊은 곳에서는 놀라운 역사가 벌어지고 있다. 봄이 오면 숨어 있던 것들이 지면 위로 고개를 내민다. 붉은색과 초록색의 작은 봉오리들이 메말라 버렸던 나무들의 가지에서 솟아난다. 우리가 눈을 뜬다면 아주 놀라운 교훈을 얻을 수 있다.

나뭇잎이 겨울에 떨어지지 않았다면, 여러 달 동안 나무가 해골처럼 앙상해지는 것에 순응하지 않았다면, 새로운 생명도 봉오리도 꽃도 씨앗도 새 세대의 시작도 없을 것이다.

나에게 편지를 하는 사람의 경우를 생각해 보았다. 그녀가 처음 나에게 편지를 쓰기 시작한 때는 그녀에겐 겨울과도 같았다. 그녀의 인생에 한 남자가 나타났고, 그녀는 그 사람을 너무도 사랑하게 되었다. 하지만 그녀의 혼을 빼놓고 그는 다른 사람과 사귀어 버렸다. 그는 간혹 와서 그가 사귀고 있는 사람이 얼마나 그에게 큰 기쁨을 주는지에 대해 말해 주곤 했다. (나는 황당했다. 그런 남자 어디가 좋을까? 그런 것을 듣고 있는 여자에게는 또 무슨 매력이 남아 있을 수 있겠는가?)

그녀는 그 후로 모든 것을 해봤다. 데이트도 해보았고, 화도 내보았고, 모든 잘못을 그에게 돌려 보기도 했다. 심지어는 수도자가 되려고도 했다. 하지만 아무것도 상황을 나아지게 하지 못했다. 그녀는 어떻게 해서든 그의 인생의 일부가 되고 싶었다. 모든 것이 허사로 돌아갔을까? 하지만 그녀의 마지막 편지는 봄이 올 소식의 가능성을 비쳤다.

하나님은 그를 통해 저를 성장시키셨습니다. 처음부터 그를 만나지 않았더라면 더 낫지 않았을까 하고 생각한 적도 있지만, 후회는 없습니다. 저는 매일 그에 대해 생각하는 것을 하나님께 조금씩 바칩니다. 그 어느 때보다 더 현실 감각을 갖고 살고 있으며 과거처럼 모든 것이 어떻게 해야 잘될 것인가에 대해 고민하지 않습니다. 저는 주님에게 순종적인 주의 종이 되겠다고 말했고, 하나님은 저에게 이렇게 외치셨습니다. "너는 나의 종이 되기 위해 겪어야 할 고난과 고통을 견디겠느냐?" 비록 자신이 없었지만, 저는 대답했습니다, "내게는 더 이상 선택의 여지가 없습니다. 다시 되돌아 갈 수 있는 곳도 없습니다." 두렵지 않다고 말한다면 거짓말이겠지요. 하지만 그분은 저를 여기까지 인도하셨고, 그 사실만으로도 저는 떨 듯이 기쁩니다.

외로움을 이겨내는 법

사랑하는 두 사람이 지역적으로 떨어져 있다고 하더라도 과거의 행복했던 시간과 앞으로의 재회에 대한 기대감으로 행복한 관계를 지속할 수 있다. 그럼에도 불구하고 현재의 시간을 낭비하기 쉽다. 자신을 학교 선생이라고 밝힌 발신인은 자신은 그런 일로 시간을 낭비하고 싶지 않다고 했다. 헤어짐과 외로움의 시간들을 통해 그녀는 교훈을 얻으려 했다.

우리는 6개월 동안 떨어져 지냈어요. 그가 이곳으로 오는 부활절부터 5일 간을 같이 있게 되지요. 그 후 다시 그는 8개월 동안이나 먼 곳으로 가게 됩니다.

폴은 체계적인 삶을 살며 하루하루에 충실한 사람입니다. 저는 그에게 많은 것을 배우지요. 저는 미래를 멀리 내다보며 미리 계획을 세워 놓고 그것에 따라 행동하는 사람입니다. 하나님이 그를 기다리라고 제게 말씀하셨을 때도 그랬지요.

그러던 중, 당신이 얘기한 짐의 일기 속에서 당신과의 이별을 통해 그가 느꼈던 많은 것들을 읽었습니다. 하지만 그것은 남자의 관점에서 쓴 것들이었습니다. 그 시절에 당신이 느꼈던 것은 무엇이지요?

어떤 때는 내면에서 느껴지는 외로움이 너무 클 때가 있습니다. 저를 사랑하는 사람이 아무도 없어서가 아닙니다. 저에게는 사랑하는 부모 형제가 있지요. 그런데도 올해처럼 심한 외로움을 느낀 적은 없었습니다. 아마도 학교를 졸업하고 처음으로 혼자의 힘으로 살아가기 때문이기도 하겠지요. 이러한 시간을 어떻게 하면 잘 견딜 수 있습니까?

답장을 하면서 나는 '외로움'이라는 나의 짧은 글을 함께 보냈다. 그 글의 내용은 다음과 같다.

"잠잠함으로 그가 하나님이심을 알라." 당신이 외로울 때는 너무 잠잠한 것이 당신의 영혼을 망쳐 놓는 것만 같지요. 그 잠잠함을 이용해서 당신의 마음이 하나님 앞에서 차분해지도록 하세요. 그분을 더 잘 알도록 노력하세요. 그분은 하나님인 이상 책임을 지실 겁니다.

"당신이 혼자가 아니라는 사실을 기억하라." "여호와 그가 네 앞에서 가시며 너와 함께하사 너를 떠나지 아니하시며 버리지 아니하시리니 너는 두려워하지 말라 놀라지 말라"(신 31:8). 예수님은 그의 제자들에게 약속하셨습니다. "볼지어다 내가 세상 끝날까지 너희와 항상 함께 있으리라"(마 28:20).

그분의 임재를 당신이 느끼지 못한다고 해도 걱정하지 마십시오. 그분은 당신 곁에 머무십니다. 한순간도 당신을 잊지 않으십니다.

"항상 감사하라." 저는 가장 외로울 때 고린도후서 4장 17-18절 말씀에서 위안을 얻었습니다. "우리가 잠시 받은 환난의 경한 것이 지극히 크고 영원한 영광의 중한 것을 우리에게 이루게 함이니 우리가 주목하는 것은 보이는 것이 아니요 보이지 않는 것이니 보이는 것은 잠깐이요 보이지 않는 것은 영원함이니라."

이것은 하나님께 감사해야 할 많은 것 중에 하나입니다. 외로움 그 자체가 당장은 무거운 짐처럼 느껴지지만, 앞으로의 영광에 비한다면 아무것도 아닐 테니까요.

"자신을 불쌍하게 여기지 마라." 완전히 지워내셔야 합니다. 외로움은 당신을 파멸로 몰아넣을 수 있는 무서운 힘을 갖고 있습니다. 당신의 십자가를 이미 지셨던 하나님께 마음을 열어 보세요.

"당신의 외로움을 받아들여라." 하나님에게로 가는 최초의 그리고 유일한 길이며 단계입니다. 그리고 언젠가는 없어질 감정입니다.

"당신의 외로움을 하나님께 바쳐라." 작은 소년이 보리떡 다섯 개와 물고기 두 마리를 바친 심정으로 주님께 드리십시오. 하나님은 그것을 다른 사람들을 위해 더욱 유용하게 바꾸실 것입니다.

"다른 사람을 위해 뭔가를 하라." 당신이 어디 사는 누구이건 간에 당신이 할 수 있는 무엇인가는 분명 있고, 당신의 도움을 필요로 하는 사람은 분명히 있습니다. 하나님의 평화를 위한 도구가 되도록 기도하세요. 당신의 외로움에 기쁨으로 임할 수 있기를.

가장 중요한 것은 지금 이 순간을 기쁨으로 받아들이는 것이다. 이 시간을 낭비하지 말고. "당신이 어디에 있건, 그곳에 전적으로 임하라"고 짐이 전에 쓴 적이 있다. "하나님의 뜻이라고 생각되는 자리에 있다면, 당신은 삶의 최고 정점에 서 있다고 생각하라."

달빛이 아름답게 비치는 밤이지만, 나는 혼자 있다. 단지 사랑하는 사람이 멀리 있다고 해서 저 달빛을 거부해야 할까? 친구들과 함께하는 촛불 식사. 모두들 커플이고 나만 혼자다. 그들은 함께 있고 나만 혼자라는 사실 때문에 그날 저녁을 망칠 셈인가? 내가 배신을 당한 걸까? 누가 배신을 한 것일까? 전화벨이 울린다. 앗! 그일지도 몰라! 하지만 그것은 어느 외판원의 전화였다. 내가 다른 전화를 기다렸다고 해서 그 사람에게 불친절하게 할까? 우편함에 어느 날 낯선 편지가 들어왔다. 나는 그것을 급하게 열어보지만 이모에게서 온 편지다. 그렇다고 그것을 버릴 것인가?

나 역시 이런 경험들을 거쳐 왔다. 내가 짐에게 보낸 편지의 어떤 내용이 짐한테 이런 생각을 들게 했을 것이다. 그가 편지에 이렇게 적었기 때문이다. "서로에 대한 그리움이 삶의 맛을 떨어뜨리지 말게 합시다."

나도 그런 시기가 분명 있었다. 누군가 나에게 천국에서 누리게 될 행복에 대해 얘기할 때, 반항기 어린 표정으로 고개를 돌린 적이 있었다. 다른 사람들은 천국뿐 아니라 이땅에서 다른 것들도 모두 누리고 있다고 생각해서 질투심이 났기 때문이다. 이땅에서의 다른 것들이란 약혼이나 결혼이었다. 바울은 로마의 그리스도인들에게 보낸 편지에서 이렇게 말했다. "우리는 장차 하나님의 영광에 참여할 희망을 품고 기뻐하고 있습니다. 그렇다고 우리가 장차 있을 기쁨만 바라며 살라는 의미는 아닙니다. 시험과 고난을 겪는 이 세상에서도 우리는 진정한 기쁨을 맛볼 수 있습니다."

내가 가장 외롭다고 느낄 때, 가령 달 밝은 밤에 촛불을 켜놓고 식사를 하고 있는데 전화도 오지 않고, 편지도 그의 것이 아닐 때, 나는 그 순간에도 '진정한 기쁨'을 맛볼 수 있을까? 그렇다. 성경은 그렇게 말하고 있다. 성경에 있다면 사실일 뿐 아니라 나에게도 가능한 것이다.

"깨어 있으십시오. 그러면 우리는 고난 가운데서도 기뻐할 수 있습니다. 고난은 우리에게 인내심을 길러 주고 인내심이 쌓이면 인격적으로 성숙해지며 그 후에는 소망이 자랄 것입니다. 소망은 결코 우리를 실망시키지 않습니다."

"깨어 있으십시오." 이 말은 우리에게 동기를 부여해 준다.

비어 있는 의자, 비어 있는 우편함, 전화기에서 들려오는 다른 목소리 등은 그 자체로는 외로움 가운데 있는 우리를 성숙케 하는 마법 같은 게 아니다. 그것들만으로는 소망이 생기지 않을 것이다. 깨어 있기 위해 결정적인 것은 문제에 접근하는 나의 태도이다. 나는 그것을 기쁨과 감사로 믿음 안에서 받아들일 수도 있고, 반박하고 반항할 수도 있다. 반박한다면, 소망이나 성숙함과는 아주 거리가 먼 어떤 것을 얻게 될 것이다. 아무도 좋아하지 않을 그런 성품을 갖게 될지도 모른다.

우리는 다음과 같은 선택을 내릴 수 있다.

반항 – 이것이 하나님이 내린 결정이라면 하나님은 나를 사랑하시지 않나봐.

거부 – 이것이 하나님이 내게 주시는 것이라면 받지 않겠어.

믿음 – 하나님은 지금 상황에 대한 어떤 계획을 가지고 계실 거야.

수용 – 하나님은 나를 사랑하셔. 그분은 나에게 좋은 것을 계획하고 계시지. 나는 이것을 받아들일 거야.

'현재의 진정한 기쁨'이란 상황은 '깨어 있음'에 의존하고 있다. 하나 없이 다른 하나를 획득할 수 없다. 믿음이 있다면 외로움 또한 자신을 성숙하게 해준다. 가장 견디기 힘든 헤어짐의 고통과 침묵은 안 어울리게도 우리에게 꾸준한 소망을 심어주는 도구가 될 수 있다.

하나님의 섭리

1887년에 마크 트웨인은 뉴욕에서 아내를 기다리고 있었다. 두 사람은 그곳에서 저녁을 먹은 후 워싱턴으로 가서 일주일을 함께 보낼 작정이었다. 하지만 폭풍우 때문에 아내가 못 오게 되었고, 트웨인은 이런 글을 썼다.

> 일주일간 함께 휴가를 보내자는 끈질긴 설득 끝에 당신의 약속을 받아냈건만, 이것이 하나님의 섭리이군요. 그냥 집에 있도록 놔뒀다면 됐을 것을…. 하지만 그마저도 아니었네요. 그렇다면 아무런 사건도 되지 않을 테니까요. 폭풍 정도는 되었어야 했어요. 눈이 휘날리고, 강풍이 불어 전 대륙을 마비시켜야 했지요. 이것이 사람의 재주를 너무도 간단히 뒤집으시는 하나님의 섭리입니다. 이런 일이 일어날 줄 미리 알았더라면 이렇게 돈을 써가며 당신한테 워싱턴으로 오라고 설득하지도 않았을 텐데.

내가 쓴 일기나 수필을 읽어본 독자라면 내가 하나님이 원하시는 일에는 결코 거절하거나 싫은 내색을 하지 않는 것을 알아챘을 것이다. 혼란스러웠고, 두려웠으며, 나를 불쌍하게 생각하거나 아니면 잘못 인도되었다고도 생각했지만, 반항한 흔적은 찾기 힘들 것이다. 나는 거의 모든 경우에 하나님의 인도하심을 따랐다. 그러면 하나님께서는 우리에게 자신을 믿으라고 당부 정도는 하셔야 하는 것 아닌가? 아니면 하나님은 우리에게 신뢰를 가르치시기 위해, 우리가 가장 소중히 여기는 어떤 것을 없애 버리시고, 우리에게 고통스러운 영적 상처를 주시며, 우리를 발가벗겨 정결케 하시는 성령의 바람 앞에 세워두셔야 하는 것 아닌가?

아니다. 내가 과장을 하고 있다. 나는 누구에게나 있을 수 있는 평범한 경험들을 과장해서 말하고 있을 뿐이다. 마음에서 경험하는 혼란은 실제 고난에 비하면 진짜 별것 아니다. 신뢰에 대한 얘기를 해보자. 사도 바울이야 말로 진정한 고난의 사람이다. 그의 삶을 들여다보면 배의 침몰, 돌팔매질, 공개적인 채찍질, 투옥, 사슬에 매임, 굶주림, 발가벗겨짐으로 가득하다.

그리스도인들을 핍박하다가 한줄기 빛을 보고 예수님의 제자가 된 이에게 일어난 이 모든 일들이 그를 하나님의 신실한 종으로 변화시켰다. 마크 트웨인이 말한 것처럼, "이 이상한 일들이 주님의 섭리"일지도 모른다. 테레사 수녀도 자신이 경험한 당황스러움을 이렇게 표현했다. "당신이 친구를 대하는 방식이 이런 거라면, 당신에게 친구가 없다고 해서 그리 놀라울 것도 못 됩니다."

다음은 믿음에 관한 바울의 간증이다.

> 누가 우리를 그리스도의 사랑에서 끊으리요
> 환난이나 곤고나 박해나 기근이나 적신이나 위험이나 칼이랴
> 기록된 바 우리가 종일 주를 위하여 죽임을 당하게 되며
> 도살 당할 양같이 여김을 받았나이다 함과 같으니라
> 그러나 이 모든 일에 우리를 사랑하시는 이로 말미암아
> 우리가 넉넉히 이기느니라
> 내가 확신하노니 사망이나 생명이나 천사들이나 권세자들이나
> 현재 일이나 장래 일이나 능력이나 높음이나 깊음이나
> 다른 어떤 피조물이라도
> 우리를 우리 주 그리스도 예수 안에 있는
> 하나님의 사랑에서 끊을 수 없으리라(롬 8:35-39).

믿음에 관한 놀라운 고백이라고 하겠다. '하루 종일 죽음의 맛'을 경험하겠지만, 그래도 승리자인 것이다. 환난, 곤고, 핍박 그 어떤 것을 겪어도 '감격적인 승리'를 얻게 되는 것이다. 무엇보다도 정말 놀라운 것은 이것이다. 그 승리라는 것은 모든 고난

으로부터의 보호나 도피를 의미하지 않는다는 것이다. 도리어 바울은 그 고난들을 다 겪어야 했다. 그는 고통에서 도망하려 하지 않았다. 인간의 번뇌에서 그는 예외가 아니었다. 하나님은 자신에게 정말 중요한 이 사람을 굶주림이나 뭇매에서 구해 주지 않으셨다. 그럼에도 바울은 그가 하나님의 사랑 안에서 승리하고 있다고 자랑스럽게 말할 수 있었다. 또한 주님이 자신에게 그의 사랑을 입증하셨다고 했다. 그렇다면 하나님은 그의 사랑을 어떻게 입증하셨을까?

우리의 시야는 너무 좁아서, 고통에서 구해 주지 않는 사랑은 사랑이 아니라고 생각한다. 그러나 하나님의 사랑은 본질적으로 다르다. 그 사랑은 비극을 피하려 들지 않는다. 현실을 부인하지도 않는다. 그것은 고난의 날카로운 가시밭길 위에 서 있다. 하나님의 사랑은 그의 아들마저도 지켜주지 않았다. 그것이 그분의 사랑의 증거였다. 그리하여 천사의 군대가 지켜줄 수도 있었지만, 하나님은 자신의 아들을 버리셨고 갈보리의 십자가에 못박히게 놔두셨다. 이제 하나님은 그분의 아들이 당했던 것과 같은 고통으로부터 우리를 구해 주실 필요가 없어졌다.

가슴을 울리는 바울의 고백을 들어보라.

"내가 확신 가운데 말합니다. 하나님이 다스리시는 이 세상에서 일어나는 어떤 것도, 우리를 우리 주 그리스도 예수 안에 있는 하나님의 사랑에서 끊을 수 없습니다!"

"정말 그 무엇도 말입니까, 바울 선생님? 죽음은 어떻습니까?"

"네, 죽음도 어쩔 수 없습니다."

"그렇다면 삶은?"

"삶도 안 됩니다."

"천국의 사자는?"

"천국에서도 그럴 수 있는 존재는 없습니다."

"이 땅의 군주는?"

"그도 마찬가지입니다."

"오늘 일어날 수 있는 일은?"

"그런 일은 없습니다."

"미래의 일은?"

"없을 것입니다."

"높은 곳의 권세는?"

"안 됩니다."

"낮은 곳의 권세는?"

"그럴 만한 권세자는 있지도 않습니다."

"하나님 나라의 그 무엇도 말입니까?"

"그 무엇도 그럴 수 없습니다. 절대 없습니다."

"바울 선생님께서 한 가지를 잊은 것 같습니다."

"그런가요?"

"사랑이요. 마음의 문제입니다. 배의 침몰이나 매질이나 핍박은 하나님을 위해 사람들이 참아내는 고난이지만, 자신이 사랑하는 여인이 나를 버린다면? 내가 사랑하는 남자가 나를 쳐다보지도 않는다면? 내가 거절당한다면? 내가…."

"아, 그런 것은 생각해 본 적이 없군요."

혹시 바울이 정말 이렇게 대답하리라고 생각하는가? 연인과의 사랑에서 비롯된 모든 고통과 역경에 대해서는 생각해 보지 않았다고 말이다. 그가 그것을 생각해 보았다면, '감격적인 승리'라고는 말 못했을 거라고? 그럼 이렇게 말했어야 했을까? "나의 열정과 상처받은 마음, 사랑의 불운을 제외한 그 어떤 것도 나를 예수님의 사랑에서 끊을 수 없습니다"라고? 다른 큰 문제들은 하나님이 해결할 수 있지만 그것들은 몸소 겪었으니까?

어쩌면 바울에게 그러한 마음의 감정은 별로 큰 관심거리가 아니었을지도 모르겠다. 하지만 그리 있음직한 상황은 아니라고 느껴진다. 어쨌든 그것들이 우리를 하나님의 사랑과 구원에서 갈라놓을 수 있을까?

여기서 우리가 알아야 할 것은 작은 것부터 믿어야 한다는 것이다. 비록 어리석어 보일지 몰라도 우리가 하나님을 위해 큰 고난에 참여하려면 이런 작은 것에서 시작해야 하는 것이다.

"작은 일에 충실한 사람만이 큰일에도 충실할 수 있다. 작은 일에 정직하지 않은 사람은 큰일에도 정직할 수 없다. 이 세상의 가치에 미련을 둔다면 더 큰 세상의 진정한 가치를 어떻게 보여주실 수 있단 말인가?"

짐 엘리엇과 관련된 이야기가 끝나고 몇 년이 지나서, 어머니는 그 기다림의 시간 동안 내가 겪어야 했던 '고난'에 대해 물으셨다. 이 질문을 듣고 나는 약간 놀랐다. 내가 그 시기에 걱정이 많고 힘들었지만, 한 번도 고난이라고 생각한 적은 없었기 때문이다. 배가 침몰하거나 매질을 당하는 등의 육체적인 고통은 고난이라고 생각할 수 있지만 마음이 아픈 것은 고난에 속하지 않는다고 생각했다.

어쨌든 고난의 범위를 정하는 것은 쉽지 않다. 중요한 것은 그것을 어떻게 이용하느냐에 있다. 그 무기력함을 이용해 자신의 마음을 하나님께로 돌려야 할 것이다. 믿음이 관건이다. 예수님이 나를 사랑하심을 믿는 것은 내가 원하는 대로 해주시기 때문이 아니라 성경에 그렇게 쓰여 있기 때문이다. 갈보리의 십자가가 그 사실을 증명한다. 예수님은 나를 너무 사랑하신 나머지 그 자신을 나에게 주셨다.

반항의 신음소리

일기를 쓰면서, 내가 그리고 있는 그림이 완성되려면 아직 많은 시간이 필요함을 알았다. 어떻게 하면 완성될 수 있을까? 나 혼자서는 그림 전체를 떠올릴 수 없었다. 하나님만이 하실 수 있는 일이었다. 설령 그릴 수 있다고 하더라도 그것을 어떻게 말로 표현하겠는가? '잿더미'라는 말이 자꾸 떠올랐다. 일전에 묘지 근처에서 짐과 내가 사용했던 표현이다. '무(無)'를 의미하는 단어, 견디기 힘든 공허감.

> 7월 6일
> 공허감이 다시금 그를 떠올리게 한다. 옛 복음성가가 생각난다.
> 주가 항상 가까이 계심을 느낄 수 있도록 나를 가르치소서.
> 영혼이 견디어 내야 할 고통을 내가 알게 하소서.
> 피어오르는 의심과 반항의 신음소리를 경계하게 하소서.

이루어지지 않는 기도에 대한 인내를 갖게 하소서.

_ 조지 크롤리의 '하나님이여, 나의 마음에 임하소서' 중에서

내가 짐에 대한 생각들을 지우지 못하는 것은 하나님이 그렇게 계획하셨기 때문인가, 아니면 나의 의지 때문인가? 혹시 그래서 하나님이 나의 기도를 들어주시지 않는 것일까? 아니면 모든 만족은 오직 하나님 안에서 찾을 수 있음을 알게 하시려고 내가 '갈급함에 고통 받도록' 놔두시는 걸까? 바울이 말한 "꾸며낸 경건"(골 2:23, 새번역)으로 하나님이 창조하신 봉오리를 꺾어버릴 수 있을까? 나는 "주님의 뜻이 이루어지이다"라고 기도할 뿐이다.

우리가 함께 있는 것이 하나님의 뜻이었으면 하는 소망을 늘 가지고 있었다. 하지만 현실은 그렇지 못했다. 나는 그 과정을 통해 가장 심오한 영적 교훈은 우리 뜻대로 살아갈 때 얻어지는 것이 아님을 배웠다. 오히려 하나님께서 우리를 사랑과 인내로 품으시고, 우리가 예수님께서 제자들에게 가르치셨듯 "하나님의 뜻이 이루어지이다"라고 진심으로 기도하게 되기까지, 우리가 기다리는 것을 통해 얻어지는 것임을 깨달았다. 주님의 뜻이 무엇이든 그것을 받아들일 때에만, 세상을 이기는 위대한 믿음의 승리를 얻을 수 있다. 내 일기장에는 나 자신을 더 높은 곳으로 올라가도록 간구하는 기도가 적혀 있다. 이것이 하나님의 뜻

대로 이루어지길 기대하는 올바른 반응이었을까? 만약 그렇다면 나는 더 많은 은혜가 필요했다. 내 몸과 마음은 너무도 연약했으므로.

"네 길을 여호와께 맡기라 그를 의지하면 그가 (그것을) 이루시고"(시 37:5). 가끔씩 나는 여기서 말하는 '그것'이 '결혼'이라고 생각했다. 하지만 올바르게 말한다면 언제나 '그것'은 '하나님의 뜻'이 되어야만 했다. 하나님의 뜻이라면, 그것은 (평생을 독신으로 사는 것을 포함해서) 무엇이든 될 수 있다. 나는 '하나님께 맡기는' 작업이 거의 매일 반복되어야 한다는 걸 알게 되었다. 예수님이 말씀하셨던 '날마다 십자가를 지는 일'과도 같았다. 그것이 힘들었냐고 묻는다면 그랬기 때문에 가치가 있었다고 대답하겠다. 이는 하나님께 순종하는 것이기 때문에 망설임 없이 해야 하는 것이다. 그리하면 그분이 반드시 당신의 길에 가장 좋은 것을 놓아두실 것이다.

당신이 "네"라고 대답하기 싫을 때, 어쩔 수 없이 그렇게 대답하는 것은 죄악일까? 그럴 경우에, "내가 주의 뜻대로 하겠나이다"라고 말하는 것은 거짓말을 하는 것일까? 당신이 느끼는 것은 앞에서도 언급한 바 있는 '반항의 신음소리'다. 나 또한 그런 질문들에 괴로워하곤 했다. 지금은 이렇게 생각한다. 당신이 누군가를 사랑한다면 그 사람을 위해 해줄 수 있는 것이 무척 많을 것이다. 당신이 그런 일들을 하고 싶어서가 아니라, 그 사람을 사랑하기 때문에 하는 것이다. 그러므로 그 사람을 사랑하기 때문에 나보다는 그가 원하는 것을 하고 싶다고 정직하게 말할 수 있다. 자신의 기쁨이나 즐거움보다는 상대방의 만족이 더 중요하기 때문이다.

만약 하나님에 대한 순종과 내가 원하는 즐거움이 충돌을 일으킨다면 스스로 하나님을 얼마나 사랑하느냐고 반문해 보라. 하나님을 사랑한다면 그분이 원하는 것을 해드릴 수 있지 않겠는가? 그것에 희생이 따른다 해도 말이다. 가만히 과거를 돌이켜볼 때 하나님의 뜻을 따른 경우엔 항상 즐거움이 따른다는 것을 상기할 수 있으리라. 그분이라면 믿고 투자할 수 있다.

긴 기다림의 시간 속에서 나에게 큰 위로가 되었던 또 하나는 나를 위해 기도해준 많은 사람들이었다. 그러나 가족과 친구들 이외에 그리스도 또한 성령님으로 우리 곁에 항상 머무시며 더 큰 위로를 주신다. "…우리의 연약함을 도우시나니 우리는 마땅히 기도할 바를 알지 못하나 오직 성령이 말할 수 없는 탄식으로 우리를 위하여 친히 간구하시느니라"(롬 8:26).

만약 욕망 자체가 사라져버린다면 문제는 아무것도 아닌 일이 되어버릴 것이다. 내가 일기장에 쓴 이런 생각들은, 최근 어떤 자매의 편지에도 나타나 있었다.

저는 올봄에 한 남자를 만났고, 여름 내내 그와 데이트를 하며 좋은 감정을 갖게 되었어요. '내가 이 사람과 결혼할 수도 있겠구나' 하는 생각을 했죠. 하루는 그와 만나고 집에 돌아와 무릎을 꿇고 '이 사람과 결혼하게 해주세요'라고 기도를 드렸죠. 하지만 그는 관계가 깊어지면서 망설이는 모습을 보였어요. 나에 대한 열정은 있지만 자기가 아직 성숙되지 않은 것 같다며 관계를 여기서 이만 정리하자고 했어요.

그가 해외로 나간 지 이제 1년이 지났지만, 저는 아직도 그를 그리워합니다. 하나님께 그에 대한 그리움을 없애주시고 감정을 정리할 수 있게 해달라고 끊임없이 기도합니다. 너무 고통스러운 감정이지요. 비록 일과 공부에 묻혀 살고는 있지만 마음이 너무나 아픕니다. 제 주변 사람 중에 당신만이 제 마음을 이해할 것 같아 이렇게 편지 보냅니다.

그녀에게 하나님의 은총이 함께하기를. 자세한 그녀의 생각은 모르지만 그녀의 마음만은 이해할 수 있다. 편지를 읽으며, 혹시 그녀가 그를 두렵게 만들어서 헤어지게 된 것이 아닌가 하는 생각을 해본다. 어쨌든 그녀가 조용히 기다리지 못한 것이 아쉽다. 내가 운동장 계단 높은 곳에 앉아 무지개를 본 그날 밤, 마지막으로 일기장에 남긴 글은 다음과 같다.

육체는 평탄한 길과 보다 쉬운 길을 바란다. 원하기만 하면 완전히 잊을 수 있는 능력을 갖거나 즉각적인 해결책이 나오기를 말이다. "내 영혼이 주께로 피하되 주의 날개 그늘 아래에서 이 재앙들이 지나가기까지 피하리이다… 나를 위하여 모든 것을 이루시는 하나님께로다… 내 마음이 확정되었사오니 내가 노래하고 찬송하리이다"(시 57편).

그리움이 없어진다면 우리가 하나님께 무엇을 드릴 수 있으랴? 우리에게 필요한 것은 열정에 대한 통제력이지, 그것이 사라지는 것이 아니다. 모두 사라지고 나면 우리가 하나님께 드릴 것은 아무것도 없게 된다. 그러면 어떻게 그분의 권능 앞에 굴복하는 법을 배울 수 있겠는가?

세 살인 나의 조카 갤러뎃 하워드는 나에게 아주 중요한 교훈을 주었다. 조카가 소매를 걷어 올리지 못하는 것을 보고 내가 도와주려고 하자 조카는 말했다. "괜찮아요. 아빠는 그냥 내가 할 때까지 놔두시는 걸요." 그런 아버지는 어떤 아버지일까? 현명한 아버지라 하겠다. 그녀의 아버지이자 나의 동생인 톰은 성장하는 과정에서 일어날 수 있는 갈등의 중요성을 잘 아는 현명한 사람이다.

나는 성경을 읽으며 베드로전서 5장 10절의 내용이 다음과 같이 풀이될 수도 있다는 것을 알았다. "내가 잠시 고난을 겪은 후, 그분이 나의 깨진 것을 친히 고쳐주실 것이다"라고. 만약 모든 고난과 역경이 없어진다면 인간의 영혼은 항상 미성숙한 채로 머물 것이다. 하나님 아버지는 우리가 자라는 모습을 보기 원하신다.

자기기만

옛날부터 우리의 '영혼'과 맞서 항상 전쟁을 치르는 상대를 우리는 '육체'라고 일컬었다. 그럼에도 예수님에 대한 기록들을 보면 그분은 진정한 남자이자 완벽한 인간이셨음을 알 수 있다. 그분은 육체적 의미로도 한 인간이셨다. 그분은 음식을 먹었고 잠을 잤고 피곤해 하기도 했으며 날이 더울 때는 우물가에 앉아 물을 마시곤 하셨다. 그분은 무죄했으므로 인간의 몸을 가지고 있다는 것 자체가 죄가 되지 않는다는 것을 우리는 알 수 있다. 우리의 뼈나 근육이나 조직이나 피에는 아무것도 죄스러운 것이 없다는 얘기다.

그렇다면 도대체 영혼과 항상 전쟁을 치르는 것이 왜 육체라고 표현하는 것일까? 우리는 인간이면서 동시에 영적인 존재가 될 수는 없는 것일까? 내가 짐에 대해 생각하던 중 이 질문이 뇌리를 스치고 지나갔다. 짐에 대한 나의 사랑은 인간적인 차원의 것이었다. 나는 그것이 영적이기를 바랐으며 이것을 위해 기도하고 간구했다.

여기서 우리는 자기기만에 빠지기 쉽다. 한 자매는 편지에서 이렇게 말했다. "저는 스물한 살인데요, 친하게 지내는 스물세 살 먹은 남자가 있습니다. 그와 친밀한 관계를 갖고 싶습니다. 우리는 둘 다 하나님을 좀 더 진지하게 섬기고 싶고, 그분과 꾸준히 교제하기를 원합니다. 이제까지는 저의 영적 성장이 자신의 최고 관심사라고 말하는 남자와 한 번도 사귄 적 없었어요. 그의 태도에 깊이 감사하지만 어떤 반응을 보여야 할지도 모르겠고, 우리 둘 사이의 이런 상황이 저에게는 너무 새로워요. 이제까지의 그 어떤 관계보다 더 아름답고 놀랍지만 말이죠."

'관계를 가진다' 그리고 '어떤 사이'와 같은 표현들이 '거룩함'이나 '하나님과의 관계' 등과 마찰을 일으키면서 우리에게 혼란을 준다. 우리는 인간의 가장 강력한 본능 중 하나인 성 욕구마저도 부인할 수 있으며, 결혼에 대한 인간적인 욕구도 거룩하게 승화시킬 수 있다.

편지를 보낸 그 아가씨는 그들의 관계를 '친하게 지내는'이라고 밖에 표현하지 못하고 있다. 분명 그 남자에게 다른 남자 못지않게 관심을 가졌을 것인데도 말이다. 어쩌면 그녀와 연락을 하고 지내는 남자라면 누구든지 그녀와 '친하게 지내는' 사이일지도 모른다.

그런 와중에 이 스물세 살 먹은 청년이 그녀 눈에 띈 것이다. 그녀가 말하는 그의 가장 큰 관심사는 바로 '그녀를 진정 순수하게' 사랑하고 싶은 것이다. 정말 잘된 일이다. 하지만 그가 예수 그리스도 안에서 성도가 성도를 사랑하는 방식으로 사랑한다고 했다면, 그녀는 왜 '관계를 갖는다'는 표현을 썼을까? 그녀는 이 사람과 어떤 관계를 갖고 있는 것이며, '이제까지의 그 어떤 관계보다 더 아름답고 놀라운' 것이라고 표현했을까?

이들이 좀 특별한 사이라고 느끼는 것은 나만의 생각일까? 그냥 들었을 때는 그저 '친하게 지내는' 사이라기보다 '사랑하는 사이'처럼 들린다. 하지만 그녀는 자신이 사랑받고 있는 건지 아닌지조차 확실히 모른다. 또한 자신이 그를 사랑하는지에 대해서는 아무런 언급을 하지 않고 있다. 다만 그녀의 감정은 성적인 것에 머물러 있는 것처럼 느껴진다.

바울은 아주 인간적인 사람이었다. 그는 남성에게 강력한 영향을 미치는 여성의 매력에 대해 자신을 속이지 않았다. 반대의 경우도 마찬가지로 그러한 욕구에 대해 잘 알고 있었으며, 그 욕망의 깊은 수렁도 잘 알고 있었기에 고린도 교인들에게 보낸 편지에 이렇게 썼다.

"남자가 여자를 가까이 아니함이 좋으나 음행을 피하기 위하여 남자마다 자기 아내를 두고 여자마다 자기 남편을 두라"(고전 7:1-2). 다른 말로 하면 어떤 남성이나 여성이 이성에게 눈을 떼지 못하는 시기가 오면, 그 시기가 바로 결혼에 적합한 시기라는 것이다. 요즘의 스킨십 짙은 그리스도인들의 연애법은 바울의 사고방식과는 거리가 멀다.

나의 아버지는 오빠들에게 절대로 여성에게 "사랑합니다"라는 말을 하지 못하게 했다. 다만 그 말 뒤에 "나와 결혼해 주시겠습니까?"가 나온다면 괜찮았다. 또한 "결혼해 주시겠습니까?"라는 물음도 "당신을 사랑합니다"라는 말없이 하지 않도록 가르쳤다. 남자들이 모두 이 법칙을 따른다면 얼마나 많은 오해들이 풀리겠는가?

물론 짐 또한 그 법칙을 따르지 않았다. 그는 청혼하지 않은 상태에서 내게 사랑한다고 말했다. 나는 떨렸고 감동했지만 한편으로는 상처를 받았다. 그래도 아무 말도 듣지 못하는 것보다는 잘됐다고 생각했다. 일방적인 사랑도 가능하지만 사랑은 주고받는 것임을 생각한다면 기대감은 커지게 되는 것이다.

내가 사람들에게 짐의 접근 방식을 추천할 수 있을까? 절대로 그렇게 할 수 없을 것이다. 짐도 남들이 자신의 방식을 공식화 하는 것에는 반대할 것이다. 하지만 상황이 좀 달랐다. 그가 독신으로 살도록 부름 받은 것이, 평생 동안이 아니라는 것을 몰랐기 때문이었다. 그는 알 필요가 없었다.

그는 선교 훈련이 끝날 때까지 독신으로서 얽매인 데 없이 혼자의 몸이라야 했다. 그러던 중 그는 자신에게 특별한 감정을 느끼는 헌신된 여성에게 사랑을 느꼈고, 그녀에게 들려주고 싶었던 마음에 있는 말들을 해도 된다고 믿었던 것이다. 일종의 도박이었다. 그는 다리에서 뛰어내리는 대신 그 기회를 잡은 것이었다. 우리를 지켜주신 것은 하나님이었다. 그럼에도 나는 영과 육의 싸움에 머리를 싸맬 수밖에 없었다. 내가 그를 이처럼 사랑하면서도 그에게서 언제까지나 거룩하고 영적인 것들만을 바랄 수 있을까? 나는 다만 노력했다고 말할 수 있다. 토마스 아 켐피스는 그의 저서『그리스도를 본받아』에서 이렇게 말하고 있다. "그대가 하나님 안에서 억제해야 할 때에, 그대의 감정보다 더 방해가 되는 게 있습니까?"

억제. 무척 두려운 말이다. 나의 감정들이 다시 태어나기 위해서 먼저 그것들을 억제해야만 할까? 그렇다면 나의 감정들은 다 추하고, 죄스러우며, 악하단 말인가? 어떤 남자나 여자를 친구 이상으로 사랑하는 것은 죄악인가?

억제란 단어의 어원을 찾아보자. 그것은 '죽음'이라는 라틴어 단어에서 유래되었다. 흠정역 성경을 보면 로마서 8장 13절은 우리에게 우리의 내부를 '억제'하라고 경고한다. 하지만 최근의 해석은 이 억제의 의미를 더욱 명확하게 한다. "영으로써 몸의 행실을 죽이면 살리니…."

여기서 '몸의 행실'이란 무엇인가? 골로새서 3장 5절에 보면 그것들의 목록이 열거되어 있다. 음란, 부정, 사욕, 악한 정욕, 탐심 등은 모두 우상숭배일 뿐이다. 그것들은 인간에게 자유가 주어질 때에 생기는 욕망의 산물일 뿐이다. 우리가 가진 자유를 하나님께 드려야 할 것이다. 그것을 하나님께 드린다고 해서 욕망이 없어지는 것은 아니다. 다만 하나님의 더욱 강력한 권능에 속하게 되는 것뿐이다. 우리가 하루하루를 믿음으로 순종하며 산다면 욕망들은 순결해지고 순화되는 것이다.

> 육신의 생각은 하나님과 원수가 되나니 이는 하나님의 법에 굴복하지 아니할 뿐 아니라 할 수도 없음이라 육신에 있는 자들은 하나님을 기쁘게 할 수가 없느니라.
> 만일 너희 속에 하나님의 영이 거하시면 너희가 육신에 있지 아니하고 영에 있나니 누구든지 그리스도의 영이 없으면 그리스도의 사람이 아니라. 또 그리스도께서 너희 안에 계시면 몸은 죄로 말미암아 죽은 것이나 영은 의로 말미암아 살아 있는 것이니라 예수를 죽은 자 가운데서 살리신 이의 영이 너희 안에 거하시면 그리스도 예수를 죽은 자 가운데서 살리신 이가 너희 안에 거하시는 그의 영으로 말미암아 너희 죽을 몸도 살리시리라
> 그러므로 형제들아 우리가 빚진 자로되 육신에게 져서 육신대로 살 것이 아니니라(롬 8:7-12).

아주 정확히 설명했다. 우리에게는 두 가지 본능이 있다. 하

나는 육적인 것이고 다른 하나는 영적인 것이다. 육신의 일(낮은 수준의 본능)은 우리에게 아무런 권한을 가지지 못한다. 믿지 아니하는 자들은 이 사실에 귀를 기울이지 않는다.

대부분의 세상적인 사람들은 육체의 권유를 따르며, 조건부로 항복하고, 자기에게 좋게 느껴지는 것을 따른다.

참 그리스도인은 그리스도의 권능에 자신을 구속시키면서 육체를 억제한다. 성 욕구는 하나님이 주신 가장 값진 선물이자 가장 위험한 부분이기도 하다. 하나님께서 권한을 가져야 할 모든 부분에 있어서 성에 대한 탐닉은 마치 폭탄과 같이 위험하다. 물과 불 또한 하나님이 우리에게 주신 선물이지만 그것을 우리가 제대로 사용하지 못한다면 엄청난 불이익을 당할 수 있는 것처럼 말이다.

앞에 예문으로 제시한 편지는 그동안 받은 수많은 편지의 표본이라고 할 수 있다. 관계에 대한 혼돈은 아주 다양한 형태로 나타난다. 사람들은 무슨 이유에서인지 솔직하게 "난 이 사람에게 너무나 끌립니다. 그 사람을 차지하고 싶습니다"라고 말하지 못한다. 다른 말로 하면 성적인 욕망은 영적인 위선으로 인해 솔직하게 표현되지 못하는 것이다. 자신도 충분히 느끼고 있는 에로틱한 사랑을 플라토닉한 우정, 관계, 경험 등으로 위장하는 것이다. 다른 편지의 경우를 보자.

작년에 파티에서 한 남자를 만났어요. 그는 저의 마음을 빼앗고는 11월에 사라져 버렸지요. 그 후로 저는 하나님께 인색해졌습니다. 하나님과의 나쁜 관계는 제 주위의 많은 사람들, 특히 교회 사람들에게 좋지 않은 영향을 끼쳤어요.

저의 뇌리 속에 자리 잡은 그 '꿈'은 육체적으로나 정신적으로 더 이상 좋은 남자는 없을 거라고 말해 주고 있어요. 그와 결혼이 이루어지지 않는다면 하나님에 대한 인색함을 어떻게 극복할 수 있지요? 하나님을 전적으로 믿지 못하고, 하나님이 인도하시는 길을 인간의 관점에서 이해하려고만 하는 저의 이런 욕망을 어찌해야 하는지요? 하나님께서는 사랑하는 남자가 어떻게 지내고 있는지에 대한 정보를 주실까요? 그가 그리스도인이었는지 언젠가는 알게 될까요?

무척 정직한 편지다. 그녀는 자신이 하나님께 인색하게 군 사실을 알고 있다. 그녀의 죄의 원천은 거기에 있다. 하지만 동시에 이 편지에는 자기기만이 엿보인다. 사실 편지의 그 남자가 잘 살고 있는지는 그녀에게 별로 중요한 문제가 아니다. 미국 최대 기업의 최고 경영자가 되어 있든 말든 상관 없다. 그가 그리스도인이었는지에 대한 여부도 그리 중요한 것이 아니다.

여기서 가장 중요한 것은, 그가 다시 돌아올 것이냐는 거다. 이 편지를 쓴 자매는 정말로 하나님의 섭리에 대한 이유를 알고 싶은 것인가?(정 궁금하다면 성경에 있는 수많은 단서들을 찾아볼 수 있다). 아니면 하나님이 자신에게 이제 그만 상처를 주길 바라는가? 그녀는 하나님께 화가 난 것이다. 그 남자가 자신을 사랑하지 않으며, 자신을 사랑한 적도 없고, 앞으로도 그런 일은 없을 것이기 때문이다.

하나님 앞에서 우리는 솔직해질 필요가 있다. 삽자루를 삽자루라고 부를 줄 알아야 한다. 설령 그 삽자루에 진흙이 잔뜩 묻어 있다고 해도 말이다. 당신의 열정이 타오를 때 그것을 인정하자. 그리고 자신과 하나님 앞에 그것을 고백하자. 자신의 열정에 대한 성취에 집착하고 있지 않은가? 하나님께 주도권을 드리자.

그분에게 당신의 감정을 맡겨라. 그분에게 도움을 청하고 그분의 결정에 순종하라. 하나님은 당신을 도와주실 수 있지만 순종하느냐는 당신의 몫이다. 그 방법은 누구도 말해 주지 못한다. 그분만이 알고 계시기 때문이다.

세 번째 이야기

끝이 안 보이는
기다림

::

누구든 아무하고나 잠자리를 같이하는 이 시대에

키스 몇 번 한 것 가지고

죄라고 단정 지을 수 있을까?

여성이 남성에게 어떻게 해야 하는가?

언제나 먼저 나서는 쪽은 여자들이다. 이도저도 아닌 건 매듭짓고 가야 마음이 편하다. 우리는 문제 상황들과 감정들에 대해 터놓고 얘기를 해야 하고 어떤 식으로든 처리를 해야 한다. 우리 눈에 비치는 남자들은 드러난 문제들을 종종 무시하고 얼버무리고, 대충 넘기고 덮어버리려 한다. 언제 그런 일이 있었냐는 듯 쉽게 잊고 자기 하던 일에 빠져든다. 여유가 생겨도 남자들은 스포츠와 취미, 포만감을 주는 음식 같은 것에 관심을 쏟고, 집에 있으면 온종일 텔레비전 앞에서 뒹굴다가 침대로 들어가버린다.

여자들은 남자들의 이런 성향을 알면서도 직면하고 대화를 해서 결론을 내야 한다. 억지로라도 남자들을 눈앞에 앉힐 수 없다면 그 다음엔 눈물을 보이고 침묵으로 시위하고 냉전을 벌인다. 우리는 남자를 상대할 수단을 많이 갖고 있는 셈이다.

C. S. 루이스가 묘사하는 지옥은 어쩌면 우유가 끓어 넘치고, 접시가 깨지며, 토스트가 타버리는 곳과 비슷할지도 모르겠다. 두 사람 사이에 갈등이 생긴 자리에서, 남자들에게는 무엇이든 해보라고 채근하고 반대로 여자들에게는 아무것도 하지 말라고 강요한다면 대부분의 사람들, 특히 여자들에게 그곳은 진짜 지옥이나 마찬가지일 것이다. 여자들, 특히나 남자와 사랑이라는 관계에 얽혀 살아야 하는 여자들은 아무것도 하지 않고 참아내기란 불가능하다.

어느 날 모임이 끝난 뒤에 한 젊은 여성이 내게 와서 자신은 선교사가 될 것이라고 말했다. "잘 됐군요!"라고 대답해 줬다.

"그리고 저 결혼도 해요."

"축하해요. 결혼식은 언제지요?"

"아니⋯ 뭐 정확한 날짜는 없어요. 제가 약혼을 했다거나 그런 것은 아니거든요."

"그런데, 결혼을 하신다니요?"

"네, 주님이 그렇게 말씀하셨어요."

"주님이 예비하신 신랑감은 있나요?"

"그럼요. 저와 같은 교회를 다니고 있는 친한 친구지요."

"어떤 경우든 남자에게 절대 하나님의 약속을 언급하지 마세요."

"하지만 벌써 말했는 걸요. 하나님께 응답을 받자마자 곧바로 전화했어요. 뭐, 좀 당황한 것 같긴 해요. 그는 아직 직접적인 부름을 받거나 하지는 않았거든요. 그래서 좀 놀랐나 봐요. 하지만…."

"자매님, 하나님이 그 형제를 직접 부르실 때까지 형제에게 다가가지 마세요."

"다가가지 말라고요? 그러다 잘못되면 어떡하죠? 그러니까 제 말은, 그가 하나님의 뜻을 이해 못하거나 듣지 못하면 어떻게 하느냐고요. 그래서 저는 며칠에 한 번씩은 그에게 꼭 전화를 해서 상기시켜 주는 걸요. 겉으론 느긋하게 생각하는 것 같지만 아마 속으로는 계속 준비하고 있을 거예요. 물론 이제까지 우린 그저 친구 사이였지만 하나님이 약속하셨으니 어떤 마음의 변화가 있겠죠."

나는 그 형제가 불쌍하게 느껴졌다. 다른 경우를 보자.

선생님의 강의를 완전히 이해하는 데 6개월이 걸렸습니다. 그리고 이제야 도움을 청합니다. 제가 도움을 구할 문제는 저와 깊이 얽혀 있는 한 남자에 대한 조언입니다. 저는 그를 놓고 하나님께 기도를 드렸지요. 저는 그에게 편지를 쓰면서 조금씩 감정을 드러냈습니다.
그는 저에게 이성적인 감정은 없지만, 우정은 계속 되었으면 좋겠다고 했습니다. 그러나 단 한 번도 답장은 오지 않았습니다. 저는 그에게 전화를 했습니다. 목소리 정도는 들을 수 있는 사이라는 것을 확인이라도 하듯…. 그 후 전화를 통 안 하다가 궁금해서 2개월 만에 전화를 또 했죠. 그는 다소 냉담했습니다.

그에게 편지나 전화를 할 때, 한 번도 부담을 주거나 압력을 넣은 적이 없습니다. 만약 이성적인 관계로 발전할 수 없다면 전처럼 친구로 지내고 싶었지요. 하지만 더 이상 그를 이해할 수 없습니다.

애처로운 자매 같으니. 그녀는 처음부터 자신의 감정을 알리는 데 있어 지혜롭지 못했다. 단어 선택에 문제가 있었을 것이다. 그러한 계획적이지 못한 적극성은 바람직하지 못하다. 그럼으로써 그 형제와 있었을 법한 작은 기회마저 놓친 것이다. 그가 별 반응을 보이지 않았다면, 이미 별 관심이 없음을 암시한다. 관심을 끌기 위한 끈질긴 편지와 전화는 도리어 둘의 관계에 해가 된다.

나는 그가 수화기 너머에서 들리는 그녀의 음성을 확인한 후, 어떤 생각을 했는지 짐작할 수 있다. '아이고, 또 그녀구나… 이번엔 왜 또 전화한 걸까? 그녀가 친절하고 명랑하긴 하지만 정신없는 면도 있지. 어떻게 하면 떼어놓을 수 있을까?' 그에게 남은 방법은 그녀가 표현한 대로 냉담하게 구는 것뿐이었다. 괜히 말을 받아주었다가 그녀로부터 오해를 살 상황을 만들고 싶지는 않았을 테니 말이다.

그녀는 또 전화했다. 이번에는 그리 밝은 음성이 아니었는지도 모른다. 어쩌면 숨을 크게 쉬기도 하고, 목소리가 다소 가라앉은 상태였을지 모른다. 물론 나의 상상이지만 말이다. 그에게 부담을 주기 싫었다고 했으니까 그런 생각이 들었다. 하지만 정말 그에게 부담을 주지 않았을까? 그녀는 자신에게 정직하지 못했으며, 그에게 공정하지 못했다. 그가 잘 살고 있는지는 다른 방법으로 확인이 가능한 사항이었다. 그녀가 얘기하고 싶었던 것은 바로 "저 여기 있어요. 저를 사랑해 주세요"였다.

그녀는 편지의 끝에 그를 이해할 수 없다고 썼다. 하지만 나는 그를 충분히 이해할 수 있었다. 그는 그녀를 사랑하지 않는 것이다. 그녀에게 상처를 주기 싫었지만, 그녀는 끝내 현실을 인정하려 들지 않았다.

기독교 잡지의 질의응답 란에 기재된 편지에는 "20년을 넘게 미망인으로 살아서 이성에 대한 설레는 감정은 남아 있지 않은 줄로만 알았습니다. 요 근래에 세미나 도중 비슷한 나이의 혼자된 남자를 만났습니다. 내가 위로의 뜻을 보이자, 그는 나에게 많은 관심을 보이더군요. 결론부터 말하자면 그와 사랑에 빠졌다는 것입니다." 여기까지는 아무런 문제가 없다. 충분히 있음직한 여성의 자연스러운 감정이다. 하지만 편지는 여기서 끝나지 않는다.

"세미나가 끝나고 집으로 돌아갔습니다. 처음엔 전화가 몇 번 오더니 그 다음부터는 연락이 통 오지 않았습니다. 나중에 알아보니까 그는 다른 여성과 데이트를 하고 있었습니다." 여기까지도 충분히 가능한 남성들의 행동양식이다. 하지만 제일 놀랐던 것은 잡지에 쓰여 있는 상담자의 답장이었다. "당신이 묘사한 대로 그 남자가 바람둥이라면 차라리 지금 헤어지는 것이 좋습니다. 믿지 못할 사람과 평생 사는 것보다는 그 편이 훨씬 좋아요."

바람둥이? 믿을 수 없는 사람? 편지에 응답한 상담자가 도저히 이해가 가지 않았다. 먼저 접근한 쪽은 분명 여자 쪽이었다. 남자는 그 여성의 위로가 고마웠을 것이다. 그 후 그 자매에게 특별히 신경을 썼지만, 그것은 언제까지나 단기 세미나에서였다. 서로 같이 있었다면 얼마나 같이 있었겠는가? 그가 전화를 몇 번 했다고 치자. 그는 친절한 사람이었다. 관심 없는 이성에게는 전화 한두 번도 못하는 것인가?

반면 그녀의 기대는 전혀 합리적이지 못하다. 만약 세미나 도중 누군가 그녀에게 다가와서 "당신, 저 남자와 뭔가 긴밀한 사이로 발전하는 것 같군!"이라고 말했다면 분명 그녀는 이렇게 반박했을 것이다. "말도 안 되는 소리를… 남자가 혼자 산 지 얼마나 되었다고…. 이성끼리 함께 앉아만 있으면 항상 그런 식으로 봐야 하나요?" 하지만 시간이 지나자 그녀는 그에게서 더욱 많은 것을 원했던 것이다. 상담자는 이런 상황을 여성이 푸대접을 받은 것처럼 말하고 있다.

나는 이것에 반대한다. 여성들은 남성들에게 너무나 많은 것을 바란다. "남자들은 우리를 가지고 놀기 좋아하지요. 우리를 툭 건드려 놓고 나서 자기네가 빼앗을 것을 빼앗지요. 그런 후에는 우리를 속이고 도망쳐요." 뭐 대충 이런 식이다. 어찌 보면 맞는 말이기도 하다. 그렇기 때문에 나는 여성들이 좀 더 기다리기를 원하는 것이다. 하나님이 움직이실 때까지 잠잠하고 있으라는 것이다. 하나님의 뜻이 분명해질 때까지는 아무것도 입 밖으로 내지 말아야 한다. 그리고 남성들에게는 제발 여성들을 조심스럽게 대해 달라고 부탁하고 싶다.

짐이 에콰도르로 떠나기 전, 한 젊은 자매가 자기 또래의 교회 자매들에게 짐에 대한 자신의 감정을 공공연히 표현한 일이 있었다. 그녀는 하나님께서 자신을 선교사로 부르셨다고 말하고 다녔지만 어느 지역으로 가야 할지는 확신이 없었다. 그러다 짐이 에콰도르로 간다고 하자 자신도 모든 것이 확실해졌다고 말했다. 짐이 간다고 한 이유 하나만으로 그녀는 에콰도르에 가고 싶어진 것이다.

항상 진실 되고 확실한 태도를 취하는 짐은 그 자매를 점심 식사에 초대했다. 곧바로 본론으로 들어가서 그녀가 받은 하나님의 응답이 잘못된 방향으로 가고 있음을 일깨워주었다. 자신은 하나님이 정하신 때에, 하나님이 정하신 사람과 결혼할 것이라고 말했다.

여성은 자신에게 관심을 보이는 남성에게 똑같이 정직할 필요가 있다. 내가 두 번째 남편과의 결혼을 공식화하기 두 달여 전, 대학시절 잠깐 알고 지냈던 혼자된 남자가 나를 찾아왔다. 그는 차로 오랜 길을 달려왔고, 딸들도 데려왔다. 나에게 저녁식사를 대접하며 여기 온 목적이 나와의 재혼 가능성을 타진하기 위해서라고 고백했다. 나는 감사를 표하고는 내 생각을 분명히 밝혔다. "저는 아직도 재혼에 대해 확신을 하지 못하고 있어요. 그리고 만약 하게 된다면 그 상대는 이미 정해져 있습니다." 그는 나중에 장미 한 다발을 보내왔다. 쪽지에는 이렇게 적혀 있었다. "애정 어린 질투심을 담아."

잘생긴 내 조카 하나는 여성들에게서 자주 데이트 신청을 받는다. 그럴 때면 그는 항상 이렇게 얘기한다. "죄송해요. 전 이런 식으로 사귀지 않습니다. 제가 데이트를 한다면, 제 쪽에서 데이트 신청을 하고 싶네요. 하지만 어쨌든 고맙습니다."

남의 감정을 농락하고 싶은 유혹을 이겨내야 한다. 자신에게는 흥미진진한 재미가 있을지 몰라도 그것은 잔인하고 정직하지 못하며 위험한 행동이다.

남성들이 바라는 것은

우리 어머니는 1917년 필라델피아에 있는 저먼타운학교에서 레너드 카마이클(훗날 스미스소니언 협회의 회장)이 남학생 대표일 당시, 여학생 대표를 맡았다. 졸업반 중에서 가장 다재다능한 학생을 남녀 학생 대표로 뽑는 것이 학교의 오랜 전통이었다. 상품으로는 여학생은 순은으로 된 큼지막한 숟가락을 그리고 남학생은 역시 순은으로 된 지팡이를 받았다.

어머니는 날씬한 몸에 갈색 머리칼과 파란 눈의 매력적인 여성이었다. 당시 필라델피아에서 처음으로 차를 운전하고 다닌 여자들 중에 한 명이기도 했다. 할아버지는 어머니에게 대형 뷰익 자동차를 사주셨고, 무스탕을 걸치고 털모자를 쓴 어머니는 당시 주목을 받았을 것이다. 어머니는 남자 친구들도 많았다.

내가 크면서 어머니에게 들은 이성에 관한 조언은 단 두 가지였다. 쫓아다니는 쪽은 항상 남자들의 몫이어야 하며, 대신 그들을 항상 따라올 수 있는 거리에 두라는 것이었다. 하지만 그들이 쫓아오지 않는다면? 그들이 내 근처로 오려 하지 않는다면? 이것과 관련된 네 가지 경우를 살펴보자.

첫 번째는 한 대학생의 경우이다. "저는 결혼하고 싶어요. 정말로 사랑하는 남자가 있어요. 하지만 그는 우리 관계에 대해 저만큼 진지하게 생각하는 것 같지 않아요. 이에 대해 어떤 식으로 기도해야 할지도 모르겠어요."

두 번째 경우는 이른 아침부터 찾아온 젊은 직장 여성이다. "그는 며칠간 저에게 말을 걸지 않았어요. 그 전까지는 사이가 매우 좋았는데 말이죠. 그는 매일 전화를 했고, 일주일에 두세 번씩은 데이트를 했어요. 가끔 꽃을 보내주기도 했고요. 하지만 그러다가도 엘리베이터 안에서 우연히 마주치거나 하면, 참! 우리는 같은 직장을 다니거든요, 모르는 사람처럼 고개를 돌리곤 해요. 나는 참다못해 그에게 말을 꺼냈어요. 나를 더 이상 무시하지 말라고. 최소한 그와 이 문제에 대해 얘기 정도는 해야 한다고 생각했어요."

그렇게 할 수도 있겠지. 그가 원한다는 조건하에. 하지만 그가 원하지 않는다면 그의 팔목을 잡아 끌 수는 없는 노릇이다.

세 번째는 편지로 이런 질문을 했다. "여성도 남성에게 데이트 신청을 할 수 있나요? 아니면 그런 행동도 남자를 쫓아다니는 행위인가요? 아주 멋진 그리스도인 친구에게 저도 몇 번 그런 적이 있어요. 하지만 내가 그를 쫓아다니고 있다고는 생각하지 않아요."

마지막 네 번째 경우이다. "그는 아주 낙천적이고 쾌활한 사람이었어요. 그와 얘기하고 있으면 내가 세상의 중심이 된 기분이 들었지요. 하나님께 인내심을 달라고 기도했지만 끝내 그에게 마음을 빼앗기고 말았습니다. 우리는 학생회가 끝나고 온 캠퍼스를 누비며 얘기하다가 모닥불 앞에 앉아 피자를 먹었어요. 그는 선생님의 강연을 들은 후 많은 관심을 보였어요. 특히 남자가 주도적일 필요가 있으며 여자가 응답한다는 말에 흥미를 느꼈나 봐요. 물으나마나, 저는 그날 이후로 그에게 응답할 시간만을 기다렸어요. 그가 편지로나 전화로 먼저 연락을 한다면 말이죠. 하지만 아직까지 그는 아무 반응을 보이지 않고 있습니다."

위에 열거한 편지의 주인공들은 모두 한 배에 타고 있다. 그들은 자신들에게 별 관심이 없는 남자들에게 끌리고 있는 것이다. 관심이 있다 해도 그것에 대해 별 행동을 취하지 않는 남자들이다. 이럴 땐 어떻게 해야 할까? 첫 번째 여성은 기도는 하지만 어떻게 기도해야 할지도 모르고 있다. 두 번째 여성은 문제와 직면하려 하고, 세 번째 여성은 데이트 신청을 하지만 남자에게도 같은 부담을 주려고 한다. 네 번째 여성은 그저 기다리고 있다. 네 명의 여성 중에 자신이 원하는 것을 얻은 여성은 없다.

역할 분담의 경계선이 허물어지고 자유와 평등 정신이 확실한 요즘 시대에 남성과 여성의 역할에 대해 왈가왈부할 이유가 있을까? 이제 더 이상 이를 뭐라 표현할 수도 없는 듯하다. 구애라고 표현한다면 좀 시대에 뒤떨어지는 느낌을 준다. 사귄다? 쫓아다님? 헌팅? 작업?

"말이야 어떻든 뜻만 통하면 된다"라고 혹자는 말할지도 모른다.

하지만 그것이 행동으로 옮겨지기는 힘들다. 내가 관찰한 결과 사람들은 자신이 생각하는 즐거움에 대해 그리 확신하지 못한다. 누가 먼저 전화하느냐의 문제에는 그리 단순한 것이 아닌, 표면에 나타나지 않는 어떤 법칙이 있을지도 모르겠다.

작년 겨울, 우리 부부는 세미나가 끝난 후에 미혼 남성들을 모아놓고 그리스도인 미혼 남성이 그리스도인 미혼 여성에게 바라는 사항들에 대해 토론한 적이 있다. 그 반대의 경우는 많이 들어보았지만, 남성들이 어떻게 생각하는지는 들을 기회가 없었다. 우선은 그들과 신붓감이 아닌 그저 평범한 이성 친구에게 바라는 점에 대해 얘기했다. 첫 번째로 질문을 해보았다.

"여성들의 데이트 신청에 대해 어떻게 생각하지요?"

"충격이지요."

"다 된 밥에 재 뿌리는 것이죠."

"현명한 여성이라면 여성의 가장 좋은 자세는 순종이라는 것을 알 겁니다. 남자가 머리이기 때문에 그런 것은 남성의 몫이지요."

"순종은 결혼한 여성에 대한 하나님의 명령이 아닐까요?" 한 사람이 물었다. 나는 대답 대신 다른 질문을 했다. "캠퍼스 안에서의 평범한 관계에서 상대방 여성에게 무엇을 바라지요?"

"100퍼센트 솔직함"

"아… 100퍼센트 솔직함이라. 그렇다면 어느 날 이성 친구와 복도에서 마주쳤을 때, '당신이 우리 학교에서 제일 멋진 남성이라고 생각해요. 3주 동안 당신 꿈만 꾸고 있었지요. 하나님은 우리에게 아름다운 관계로 발전하라고 명령하고 계십니다'라고 말한다면, 그리고 그것이 그녀의 솔직한 심정이라면 이것이 당신이 바라는 솔직함인가요?"

"아니요. 절대 그런 의미는 아닙니다."

"그렇다면 당신이 말하는 100퍼센트 솔직함이란 어떤 것이죠?"

오랜 침묵이 흐른다. 머리를 긁적이고, 곧 여기저기서 대답이 터져 나온다.

'여성스러운'

'지지해 주는'

'용기를 주는'

'부드러운'

'감성적인'

'연약한'

"그녀가 정말 아름다울 필요는 없어요. 물론 기왕이면 다홍치마지만 말이죠!"

"저는 어떤 도전을 주는 여성이면 좋겠어요. 만약 상대방이 조금 조심스럽게 행동한다면 흥미가 느껴지지요."

"결혼에 대한 조급함은 쉽게 알아차릴 수 있어요."

"맞아요. 저도 하나님 안에서 안정되어 있는 사람이 좋아요. 자신의 위치에 만족할 줄 알고 어려움도 잘 이겨낼 줄 아는 여성이요."

"조용하지만 용기 있는 여성이요."

"모든 사람을 만족시키려고 하는 사람은 싫어요. 그렇다고 칭찬에 인색한 사람이어서도 안 되지요. 솔직한 사람이 좋아요."

"어머니처럼 여성에게는 모성애가 중요한 사항이죠."

그날 우리가 여성들을 초대하지 않았음을 다행스럽게 생각했다. 만약 함께 있었다면 가만히 듣고 있기 힘들었을 것이다.

하지만 그날 저녁 우리가 얘기하지 못한 부분도 있었다. 왜 그런 얘기를 하지 않았는지는 의문일 수밖에 없다. 남성들은 자신이 생각하는 것 이상의 어떤 것을 여성에게서 바란다. 하나님만이 알고 계실 만한 그런 부분은 얼마나 될까?

내가 성경학교를 졸업하고 몇 년이 흐른 후, 어떤 남자가 당시 나에게 관심이 있다고 고백을 해왔다. 그때 그는 내가 이해할 수 없는 신비로움에 휩싸여 있다고 하면서, 그것에 끌렸다고 했다. 미혼 남성들과 함께한 자리를 통해서 남자들은 자신의 생각을 다 말해 주는 여성에게는 끌리지 않는다는 사실을 알 수 있다. 그들은 자신들이 그것을 직접 발견하기를 원했다.

사도 바울은 여자의 진정한 아름다움을 내부에서 찾으라고 했다. 아울러 그것에 대해 "썩지 않는 온유하고 정숙한 마음으로 속사람을 단장하도록 하라"(벧전 3:4, 새번역)고 했다.

우리가 만들어놓은 엉망

노라 에프론의 저서 『가슴앓이』(Heartburn)를 보면, 1970년대의 획기적인 발명품 중 하나로 '더치페이'를 꼽는다. 이것이 오늘날의 남성과 여성이 원하는 것인가? 요즘엔 세상이 전과 같이 매끄럽게 돌아가는 것 같지 않다. 남자들은 집에 앉아 여자가 전화하기를 기다리고, 여자들은 차문을 대신 열어주는 남자들에게 화를 낸다.

이 세상 어떤 사회에서도 남녀 간 행동에 관한 모든 문제는 아주 민감하고 폭발하기 쉬운 부분이었다. 그런 이유로 남녀의 행동은 관습이나 종교상의 금기, 원리와 사상, 예의범절 등으로 포장되고 유지되어 왔다. 이런 것을 점차 폐지시키는 것이 현명한 일일까?

예수님이 이 땅에 오시기 5세기 전, 에우리피데스는 남성과 여성을 하늘과 땅에 비유했다. "갈라지고 굳어버린 대지에 수분이 필요할 때 비를 바라는 이유는 사랑이 있기 때문이다. 사랑으로 말미암아 성스러운 하늘은 비로 승화되어 대지의 품으로 내려오게 되는 것이다. 그리하여 이 둘이 만나서 상호작용을 하면 모든 것이 잉태되고 소생하며 풍요로워진다."

우리는 규범과 체계, 그리고 조화로움을 갈망한다. 삶의 방식과 행동양식에는 만물의 이치와 일치하는 부분이 있어야 하는 것이다. 우리가 배운 이치와 행동양식은 여성이 리드하면 남성이 따르는 형태였는가? 모계중심의 사회에서조차 가장 높은 권한은 남성의 권리였고, '가모장적인' 사회는 전설이라고 밖에 생각되지 않는다. 말만 있을 뿐, 실제로는 그런 사회가 존재했다는 증거는 어디에도 없다. 스티븐 골드버그는 그의 책 『가부장적 제도의 필요성』(The Inevitability of Patriarchy)에서 다음과 같이 말한다.

> 나는 이제까지 연구되고 발견된 세계의 모든 크고 작은 사회 체계 중, 여성이 주도권을 잡고 있는 가모장적인 사회에 대한 인종학적 연구 자료를 의뢰한 바 있다. 하지만 그러한 자료는 어디에도 없었다. 더 나아가 앞의 3장에서 제시된 증거들은, 가모장적 사회 자체의 성립에 대한 가능성을 부정하며 남성의 우월한 지위가 나타나지 않는 사회의 존재는, 남성이 임신을 한다는 것과 마찬가지라고 감히 말하고 싶다. 물론 가모장적인 사회가 없었다는 과학적 증거 또한 전무하다.

하지만 만약 누군가가 켄타우로스(그리스 신화에 나오는 사람의 상체와 황소의 하체를 가진 종족-옮긴이)의 존재 여부를 알고자 켄타우로스의 신체적, 진화적인 특성들을 연구하여 생물학적으로 있을 수 없는 동물임을 증명한다면, 이제까지 켄타우로스가 존재했다는 어떠한 주장도 물거품으로 만들 수 있는 것이다. 그럼에도 어떤 독자가 가모장적 사회에 대한 존재를 주장한다면, 그는 자신의 맹목적인 희망 이외에 더 합리적인 이유를 들어야 할 것이다.

남성과 여성간의 행동양식 패턴이 다른 것은 호르몬 때문이라는 연구 결과가 점점 더 불거져 나오고 있다. 그동안 사회적 환경 때문이라고 주장하던 이들에게는 실망스럽겠지만 말이다. 하지만 그리스도인들에게 있어 인간의 행동양식에 대한 패턴이나 공식은 사회학자나 인류학자, 생물학자들에 의해 판명되는 것이 아니다. 우리의 행동은 신적인 존재에 의해 주관되는 것이다. 하나님의 은혜 안에서 그리고 세상을 통달하시는 하나님의 지혜 안에서 이루어져야 하는 것이다.

하나님 아버지로 인해 우리 그리스도인들은 누가 먼저 어떤 결정을 하느냐에 연연해 할 필요가 없다. 아담은 도움을 줄 사람이 필요했다. 하나님은 그에게 딱 알맞게 특성화된 여성을 창조하셨다. 아담은 그녀에 대한 책임을 지게 되었다. 남편이 된 것이다. 그녀를 사랑해 주고 보호해 주며 필요한 것들을 구해 주고 그녀를 아껴야 하는 책임이 생긴 것이다. 육체적인 조건만을 보더라도 남성들은 주도권자가 되어야 한다. 반면 여성들은 수용자가 되는 것이다. 우연하게 하나님이 자신을 이스라엘의 신랑이라 하고, 이스라엘을 신부라고 말하신 것이 아니다. 예수님이 교회의 머리이고, 교회는 그의 몸이자 신부라고 했다. 그분은 우리를 부르시고, 길들이시고, 우리에게 이름을 주시며 그분의 비전을 보여주신다. 우리를 책임져주시며 죽음보다 더 강한 사랑으로 우리를 사랑하신다.

성경은 남성과 여성의 관계를 명확하게 규정하고 있다. 특히 인간관계의 가장 기본이 되는 부부간의 관계를 규정한다. 그 분명한 차이점들은 아주 중요하게 다루어진다. 그것은 곧 그리스도와 교회의 관계를 상징하고 있기 때문이다. 아담과 하와는 그들의 역할을 바꿨다가 일을 엉망으로 만들어놓았다. 그녀가 주도권을 잡고 선악과를 아담에게 권했다. 아담은 그녀를 지켜주지 못하고 그녀와 함께 죄를 지었다. 그 이후로는 모든 것이 엉망이 되었다. 우리가 기본 원리에서 멀어질수록 우리에게는 더 큰 혼란만 있을 뿐이다.

"충격", "다 된 밥에 재 뿌리기." 남성들의 이러한 답변들은 단지 전통에서 오는 것만은 아니라고 본다. 여성들이 자신들의 역할에서 벗어나서 관계의 주도권을 잡으려 들 때 남성들은 뭔가 어색함을 느끼는 것이다.

여성이 남성을 쫓아다니는 것보다 훨씬 더 큰 혼란들이 있다. 동성애, 미혼모, 이혼, 낙태, '성 차별적'인 용어들을 없애기 위한 성경의 재해석, 소방관 시험에서 낙방한 여성들이 뉴욕시를 상대로 소송을 제기한 일. 조화에서 부조화로 가는 이 세상의 현상들이다. 남성과 여성간의 경쟁은 늘고, 성에 대한 우리의 명예 의식은 사라지고 있다.

한 젊은 여성은 말한다. "이거 봐요. 나는 신학이니 뭐니 하는 것을 말하는 게 아니에요. 그저 존에게 전화해서 중국 음식을 먹자고 제의해도 되냐고 묻고 있는 거라고요. 거기에 무슨 문제가 있나요?"

이 질문의 답은 상황에 따라 달라진다. 존은 그것이 매우 좋은 생각이라고 여길 수 있다. 탐은 그렇지 않을 수도 있다. 나는 그 여성에게 이렇게 말해 주고 싶다. "조심하라"고.

'그를 애매한 상황에 당면하게 하지 말기. 여성으로서 특정 영역에서의 행동의 의미를 항상 생각하기. 항상 정직하기.' 만약에라도 존과 결혼하게 된다면, 당신이 먼저 그에게 접근한 사실을 아무렇지 않게 받아들이고 살 수 있을까? 그는 당신의 접근에 기분 나빠할 수 있다. 당신도 어쩌면 그러한 접근을 허용한 그에 대해 분노할 수도 있는 것이다.

혹자들은 이렇게 말할 수도 있다. "그 정도의 변수는 각오할 만한 일이었다"고. 또는 "뭐, 이렇게 된 것에 대해 우리 둘 다 다행으로 생각하고 있다"고 말할 수도 있다. 그런 사람들은 아마도 남성들이 보호받지 않는다면 여성도 마찬가지이며, 우리도 똑같이 전쟁터로 나갈 수 있다고 주장하는 사람들일 것이다. 그런 사람과 입씨름으로 시간 낭비하지 말 것을 당부하고 싶다.

나는 내 의견에 도전장을 내미는 이들에게 우리를 지으신 분이 제정하신 원리를 생각해 보라고 말하고 싶다. 다음과 같은 질문을 스스로에게 하면서 자신이 이성을 어떻게 대하는지 알아보라고 말이다.

나의 태도는 적절한가?
내가 원하는 삶의 패턴에 따르고 있는가?
내가 알고 있는 하나님의 계획과 일치하는가?
하나님 안에 거하는 한 남자와 여자가 신중함과 은혜 가운데 맺어지려면 무엇이 필요한가?
믿음으로 삶의 길을 걷고 싶은가, 아니면 내가 원하는 방향으로 우회할 것인가?

"알았어요. 그러면 그냥 전화해서 '내가 당신을 위해 이번 주말에 기도해 드릴까요?'라고 묻는 것 정도는 괜찮겠지요?"

이렇게 묻는다면 당신은 아직도 내 말을 이해하지 못하고 있는 것이다.

뜨거운 땀과 부르튼 발

십자가를 지신 그리스도를 따라 산꼭대기까지 가려는 모든 제자들은 세찬 소나기 속에서도 뜨거운 땀을 흘려야 하는 고난의 대가를 치러야 한다. 그럼에도 우리의 연약한 본성은 천국이 우리가 잠들어 있는 동안 살며시 우리 곁으로 내려와 우리가 따듯한 옷을 입고 곧바로 천국에 입성하는 꿈을 꾼다. 하지만 실제로 우리에게 닥치는 것은, 얼굴의 안락함을 빼앗는 부르튼 발과 세찬 폭풍우, 굴곡진 인생 역경과 수많은 적들뿐이다.

_사무엘 러더포드

우리는 언제나 빠른 정답과 손쉬운 해결책을 찾는다. 천국은 잠든 우리 곁에 임하지 않는다는 사실을 망각한 채. 예수님은 말씀하셨다. "천국은 침노를 당하나니 침노하는 자는 빼앗느니라"(마 11:12).

나에게도 천국은 필요했다. 하지만 내가 짐과의 관계에서 천국을 누리기 위해 침노해야 할 가장 힘든 부분은 기다림이나 서로 떨어져 지내는 것 또는 미래에 대한 불확실함이 아니었다. 내게는 '침묵'이 가장 힘들었다.

1948년 8월 17일
침묵이 나의 영혼에 눌어붙기 시작한다. 그것은 아무런 음성도 들리지 않는, 발자국 소리도 들리지 않는, 어떤 신호도 보이지 않는 기다림과도 같다. 이런 침묵만 아니라면 10년이라도 기다릴 수 있을 것만 같다. 나는 밤이면 혼자서 하늘을 담고 있는 작은 연못가로 갔다. 연못의 표면은 약간의 떨림도, 파장도 없었다. 주여, 나의 마음도 이 연못과 같게 하소서.

앞서 얘기한 '영혼에 눌어붙는' 침묵, 그로 인한 계속되는 번민이야말로 러더포드가 언급한 '세찬 소나기, 뜨거운 땀방울, 부르튼 발'이 아니고 무엇이겠는가? 우리는 그의 글에서 이러한 표현을 많이 볼 수 있다.

영광으로 가는 다른 길은 결코 없다. 이스라엘의 초기 이야기에서부터 예수님이 이 땅에 오실 때까지, 하나님께서는 인간에게 많은 고난의 길을 걷게 하셨음을 알 수 있다. 거기에는 지름길이라는 것이 없었다. 하나님께서는 자신의 자녀들을 시험하기 위해 광야에서 40년동안 지내도록 하셨다. 하지만 40일이면 충분하지 않았을까? 하나님이 보시기엔 우리에게는 반드시 거쳐야 하는, 꼭 필요한 과정이 있으셨을 것이다. 그 과정은 결코 뛰어넘을 수 없다.

존 버컨은 다음과 같이 표현했다. "당신은 가장 험난한 길을 택했습니다. 하지만 그 길은 곧바로 정상으로 통하지요."

마음에서 겪는 여러 문제들을 통해 하나님은 우리의 진정한 의도를 드러내신다. "이는 너를 낮추시며 너를 시험하사 네 마음이 어떠한지 그 명령을 지키는지 지키지 않는지 알려 하심이라. 너를 주리게 하시며… 만나를 네게 먹이신 것은…"(신 8:2-3).

하지만 이스라엘 백성들이 원한 것은 만나가 아니었다. 그들은 부추와 양파, 마늘을 원했다. 고기와 빵을 원했다. 술과 기름 같은 평범한 음식을 원했다.

우리도 마찬가지다. 우리는 창조된 남성과 여성들이다. 아담은 하와를 필요로 했고, 하와는 아담을 위해 창조되었다. 그렇다면 남자와 여자가 서로를 갈망하는 것은 당연한 현상이 아닐까? 물론 그렇다. 하지만 하나님이 우리에게 계획하신 것은 그것만이 아니다. 우리는 자연스러운 현상에서만 살도록 창조되진 않았다. 때로는 초자연적인 것을 지표로 삼아야 할 때도 있는 것이다. 마음의 공허함을 자연적인 것으로만 채울 수는 없다. 밥만 먹고 살 수는 없는 것처럼. 이러한 의미에서 만나가 필요하다. 우리가 배고픔을 느끼지 못했더라면, 어떻게 먹는 법을 배웠겠는가? 우리가 세상적인 것에 만족했다면, 어찌 천국의 기쁨을 바랄 수 있겠는가? 섹스는 우리에게 밥 먹는 정도의 만족감을 줄 뿐이다.

나는 요구했다. "주여, 제 속에 그리움들이 사라지게 하소서. 아니면 제가 그리워하는 것을 허락하소서." 하나님은 이렇게 대답하셨다. "그리움을 배움으로써 더 좋은 것을 얻으리라."

"너도 알지 못하며 네 조상들도 알지 못하던 만나를 네게 먹이신 것은 사람이 떡으로만 사는 것이 아니요 여호와의 입에서 나오는 모든 말씀으로 사는 줄을 네가 알게 하려 하심이니라"(신 8:3).

주님께서 내가 원하는 때에 짐을 허락하셨다면 나는 이후에 닥칠 고난에 대한 훈련이 부족했을 것이다. 그것은 생명의 양식을 먹기 위한 훈련이었다. 우리가 음식을 섭취하는 것처럼 생명의 양식 또한 하루에 한 번씩 섭취해야만 한다(5년 동안 먹을 것을 하루에 먹을 수는 없는 것이다). 나는 이 기간을 통해 앞으로의 일에 대한 준비와 제자로서의 훈련을 받을 수 있었다.

6월 6일

"자신의 짐이 아무리 무거워도, 하루만큼은 그 짐을 질 수 있다. 주어진 일이 아무리 어려울지라도, 누구든지 하루만큼은 할 수 있다. 누구든지 착하고, 침착하게, 사랑하면서, 순수하게 하루만큼은 살 수 있다. 그 것이 바로 삶의 의미다."

_로버트 루이스 스티븐슨

"그러므로 내일 일을 위하여 염려하지 말라"(마 6:34).

"오늘 우리에게 일용할 양식을 주시옵고"(마 6:11).

"네가 사는 날을 따라서 능력이 있으리로다"(신 33:25).

오늘 저녁에는 돌담길을 따라 걸었다. 맨발을 통해 부드럽게 젖은 잔디의 감촉이 전해졌다. 별똥별을 보았다. 잠깐 동안 반짝하며 어두운 하늘을 가로질렀다. 그것에 대한 기억은 아름다운 수수께끼이다.

7월 7일

오늘 아침에 너무도 적절한 구절을 찾았다. "그가 아들이시면서도 받으신 고난으로 순종함을 배워서"(히 5:8).

어찌하여 예수님이 순종에 대해 배우셔야 했을까?

마지막 구절은 고난의 한 단계로도 해석해 볼 수 있다. 예수님은 그 훈련을 받으셨다. 예수님은 우리에게도 그 훈련을 받으라고 부탁하신다. 단 누군가와 같이. 그분은 우리가 예수님도 받으신 하나님의 훈련을 받을 준비가 된 다른 제자들과 연결되길 원하신다. 그것은 이스라엘 백성을 위해 만들어진 신명기 8장에 나오는 말씀과 일맥상통한다. "너는 사람이 그 아들을 징

계함 같이 네 하나님 여호와께서 너를 징계하시는 줄 마음에 생각하고… 네 하나님 여호와께서 너를 아름다운 땅에 오르게 하셨나니 그곳은 골짜기든지 산지든지 시내와 분천과 샘이 흐르고… 네가 먹을 것에 모자람이 없고 네게 아무 부족함이 없는 땅이며…."

내가 생각할 수 있는 '그 땅'은 '짐의 아내가 되는 것'이었다. 그것은 정말 부족함이 없는 땅처럼 생각됐다. 샘물이 흘러넘쳐서 모든 갈증이 해소될 것 같았다. 그 땅에서는 천막이나 오두막에 살아도 부족함이 없을 것이다. 나는 아직 배울 것이 많았다. 예수님은 제자들에게 말씀하신 것을 내게도 말씀하고 계셨다. "내가 아직도 너희에게 이를 것이 많으나 지금은 너희가 감당하지 못하리라"(요 16:12).

아무도 모르는 괴로움

8월 13일

"다른 이들의 아픔을 체휼하기 위해 그의 영혼은 큰 고통을 겪어야 했으니." 에이미 카마이클은 이렇게 말했다. "내가 어떤 것을 지나치게 확대 해석하거나, 은밀히 나에게나 교묘히 다른 사람에게 과장한다면, 그래서 남들로 하여금 그것이 '어렵다'고 생각하게 한다면, 이미 지나간 것을 안타까이 돌아보거나, 기억의 조각들에 얽매인다면, 그래서 내가 약해져서 아무도 도울 수 없다면 만약 그렇게 된다면, 나는 갈보리의 사랑을 전혀 모르는 것이라 하겠다."

주여, 내 마음과 영혼의 가장 깊은 곳을 아는 분은 주님뿐입니다. 나의 사랑의 깊이가 예수님의 사랑과 같게 하소서. 그 이하는 안 됩니다. 주님은 말씀하셨습니다. "내 길은 너희 길과 다름이니라"(사 55:8). 내가 평안함으로 주님의 길로 걷게 하소서.

외로움만큼이나 우리를 무기력하게 만드는 것도 없다. 마치 버림받은 것 같은, 사기를 당한 것만 같은 감정에 휩싸이게 한다. 나만 빼놓고 모두가 어디론가 갈 곳이 있고, 함께 있을 누군가가 있고, 즐거움을 함께 누릴 누군가가 있는 것처럼 느껴진다. 자신만이 그 명단에서 빠진 것 같다. 아무것도 하지 않고, 그저 뒹굴고 타락하고 싶어지는 것도 이런 시기다.

나에게 이런 유혹이 특히 강했다. 나는 아직도 오클라호마에 있었고, 짐은커녕 그와 비슷한 사람도 찾아볼 수 없었다. 하지만 이러한 유혹보다 더 강력한 말들을 타밀의 잠언과 에이미 카마이클의 산문집에서 발견했다. 그들의 글은 영혼이 강해지는 것을 도와주었다. 스트레스를 견뎌내고 마음을 편하게 먹는 방법을 가르쳐주었다. 30년 후에 그것을 읽었더라면 또 다르게 다가왔을 것이지만, 어쨌든 그 글들은 주어진 상황에서 아픔이 되는 것들을 정확히 묘사하는 힘, 즉 '정해진 것은 최대한 올바른 자세로 받아들이는' 자세를 말하고 있다. 또한 연약함에 대해서와 그 연약함이 때로는 너무나 자연스러운 것임을 말하고 있다.

우리가 다른 사람의 고통을 느끼려고 애쓰는 것은 별개의 것이다. 하나님의 명령을 지키기 위해서는 타인이 지은 죄의 십자가를 질 줄도 알아야 하는 것이다. 그리스도는 모든 사람들의 약점과 연약함, 번뇌까지도 다 받아들이셨다. 하지만 우리는 각자의 십자가를 지고 가야 한다. 이 말은 곧 우리가 죄지은 것을 남에게 전담시키기에 앞서, 용감하게 그것을 자신의 어깨에 메고 가야 한다는 뜻이다. 그것은 타밀의 잠언과 일맥상통한다. 하지만 무엇보다도 갈보리 십자가의 사랑을 배우는 것이 중요하다. 하나님의 사명을 감당하기 위해 자신을 잊는 것이다.

나는 나 자신에게 엄격하지 않았다. 물론 내가 그렇다는 것을 오래 전부터 알고 있었지만, 짐을 그리워하고 사랑하는 과정에서 새삼 그 사실을 확인한 것이다. 그것은 내 약점이었다. 그걸 확인하자 놀랐고 부끄러웠다. 나는 그를 왜 필요로 하는가? '내가 그를 만나기 전에 잘 지내왔듯이, 지금 그가 내 옆에 없다고 해서 어려울 것이 없다'는 노래 가사를 읊조려보기도 하지만, 솔직히 그가 곁에 없는 것이 참 힘들었다. 이럴 때일수록 우리는 또 다른 교훈을 얻을 수 있다. 우리를 부끄럽게 하고 당황스럽게 하는 약점들을 발견할 때마다 사도 바울을 생각해 보자. 우리에게 필요한 것은 하나님의 은혜다. "내 능력이 약한 데서 온전하여짐이라"(고후 12:9).

그 당시 나는 이렇게 기도를 드렸다.

나의 외로움 대신에

주님의 권능을

자신을 부끄럽게 여기려는 마음 대신에

주님의 권능을

한 남자를 향한 자제할 수 없는 그리움 대신에

주님의 권능을

주님은 인간이 얼마나 쓰라리게 외로움을 느낄 수 있는지 알고 계신다. 그분은 열두 살 때, 이미 부모로부터 오해를 받았다. 하늘에 계신 아버지에 대한 순종은 부모에게 슬픔을 안겨주었다. 예수님이 말씀을 전하실 때면 모여든 많은 사람들은 예수님의 복음을 헐뜯고 비난하려고 귀를 곤두세우곤 했다. 예수님이 선택한 열두 명의 제자들마저 서로를 불신하고, 충돌을 일으켰다. 심지어 예수님이 제자들을 가장 필요로 하실 때 그들은 예수님을 외면했다.

예수님은 우리를 완벽하게 구원하시기 위해 우리와 같은 육체의 몸으로 오셨다. 육체적 고난과 번뇌를 겪지 않고서 그분이 어찌 우리를 구원할 수 있단 말인가? 내가 지금 겪는 모든 고통은 예수님께서 이미 오래 전에 겪은 것과 다를 게 전혀 없었다. 예수님의 끝없는 사랑은 이 세상과 나의 생활과 나의 마음속으로 들어와서 내 마음의 근심을 느껴보고, 약점과 걱정들을 체휼했다. 그러므로 내 마음의 어떠한 것도 그분의 사랑에서 나를 떼어놓지 못한다. 나는 이런 감정들을 경험하면서 진정 하나님을 향해 "아버지!"라고 외칠 수 있는 것이다.

그 외침으로 하나님의 영혼은 우리의 영혼과 만나며 우리는 그분의 자녀로 선포된다. 그분의 자녀 됨이란, 상속인이 된다는 의미이기도 하다. 우리가 그분의 나라를 맛보기 위해 지금 그분의 고통을 분담한다면, 우리는 그분의 상속인이며, 그분의 제자들의 상속인이다.

기다리던 짐의 편지

각자의 길을 가던 우리는 1948년 9월에 다시 만날 수 있었다. 짐은 하나님께서 우리가 서로 편지를 해도 괜찮다고 허락하셨다고 했다. 다시 결혼에 대한 얘기가 나왔고, 우리가 하나님의 충분한 허락 없이 결혼을 서두를 가능성이 있다고 했다. 그 생각은 짐이 고린도전서 7장 37절을 읽을 때 들었다고 했다. "그러나 그가 마음을 정하고 또 부득이한 일도 없고 자기 뜻대로 할 권리가 있어서 그 약혼녀를 그대로 두기로 하여도 잘하는 것이니라." 짐은 찬양집 위에 "주여, 내 마음 깊은 곳에 당신의 뜻과 상반되는 목적이 있습니까?"라고 써서 주었다.

우리에게 결혼이 허락되지 않는다면, 오직 주 예수만으로 만족해야 할 것이다. 하나님이 예수 그리스도 안에서 결혼도 허락하신다면, 우리는 그것을 감사함으로 받아들일 것이다. 그것은 선물이다. 선물이란 달라고 요구할 수 있는 것이 아니라, 주는 사람의 의사에 따라 받는 것이다. 물론 우리에게 결혼은 과분한 것으로 여겨졌지만, 우리는 내심 바라고 있었다.

나는 캐나다 앨버타에 있는 성경학교로 떠났다. 기차가 노스다코타 주의 황량한 평원을 지나는 동안 골로새서를 읽다가 하나님의 놀라운 신비를 깨달았다. 그리스도가 내 안에 계신다는 사실이었다. 그렇다면 억지로 꾸민 경건이나 지나친 금욕이나 자기 몸에 대한 학대는 그분께 죄를 짓는 것이나 마찬가지인 셈이다. 내가 전에 다니던 학교의 맥스웰 교장은 이렇게 말하곤 했다. "이 세상에서 가장 어려운 것은…" 그리고는 나머지는 학생들이 말할 때까지 기다렸다. "바로 균형 잡힌 삶이다!" 그 말이 사실임을 지금에서야 느끼고 있었다.

1948년 10월 4일, 우편물을 나누어주는 여학생이 문 밑으로 짐의 첫 번째 편지를 밀어 넣었다. 봉투를 뜯는 손가락이 나도 모르게 덜덜 떨렸다. 마음속으로는 편지에 '나의 사랑스런 베티에게'와 비슷한 말이 쓰여 있기를 은근히 바랐지만, 짐은 선교사의 기질을 발휘하여 '주님 안에서 사랑하는'이라는 말로 시작하고 있었다. 자필이 아닌 타이프로 친 것이었으며 왠지 약간은 낯설고 차가운 느낌이 들었다.

당신에게 편지를 쓰며 이런 저런 말들을 끄적거리다가 끝내 당신이 한 눈에 반할 만한 문구를 찾아내지 못하여 편지로 감동을 주는 것을 일

찌감치 포기해 버리고 그냥 이렇게 처음에 쓰려던 것처럼 하렵니다. 당신이 보낸 카드는 수요일 오후에 받았습니다. 재치 있는 편지였지만 한편으론 치명적이기도 했습니다(나는 카드에 짧게 "당신이 보고 싶어요"라고 적었다).

나에게 바람이 있다면, 내 마음을 다른 사람이 느낄 수 있도록 해주는 장치가 있어서 요 며칠간 내가 느꼈던 것을 그대로 당신께 전해 주는 것입니다. 그 느낌은 우리가 헤어지기 전 마지막으로 교회 앞에서 만난 그때부터 죽 이어져 왔습니다. 어떤 떨림이라고나 할까요? 나 같은 터프한 남자가 뭐 때문에 떨겠냐고요? 딱 세 가지 때문이죠. 당신과 나, 그리고 하나님.

당신- 나의 급한 성격 때문에 숨길 수 없었던 당신에 대한 감정이 혹시 당신 삶 전체에 나쁜 영향을 미치지는 않았을까 겁이 납니다. 당신이 하나님의 진정한 뜻을 깨닫기 위해서는 나에 대한 감정을 잘 풀어헤치고 정리하는 과정이 필요하지 않을까 염려가 됩니다. 당신이 아프리카 선교 지원서를 낸 것은 그 필요성을 잘 말해 주는 것 아닐까요?

만약 진짜 시험이 있을 때, 감정이 믿음보다 앞서는 일이 생기면 어쩌죠? 그렇게 된다면 책임은 누구에게 있을까요? 결코 당신에게 전적으로 책임이 있다고 할 수는 없을 것입니다. 이 때문에 내가 주님의 길에서 잠깐 벗어나, 당신과 가깝게 지내면서 닥치게 될지도 모를 어떤 비극에 대해, 공동으로 책임져야 할 상황에 두려움을 느낍니다.

나 자신- 맹세하건대 나는 나 자신의 마음을 도대체 이해할 수 없습니다. 내 마음 깊은 곳을 자세히 들여다보면, 어떤 괴물 같은 것이 있습니다. 나는 그것을 '결핍'이라고 이름붙였습니다. 그것은 언제나 내 안에 항상 머물러 있습니다. 마치 '욕망'처럼. 그것을 프로이드의 주장대로 '성적 충동'이라고 표현하기는 싫습니다. 만약 그렇다면 그 목구멍에 아무리 많은 것을 쏟아부어도 만족할 수 없을 테니까요. 나의 마음은 그것보다는 좀 더 복잡하고 얻기 힘든 어떤 것을 갈망합니다.

한편으로, 불교에서 말하는 열반의 삶이 영적인 삶의 절정을 말하는 게 아니었던 것이 참 다행입니다. 만약 그렇다면 저는 모든 사람들 중에 가장 영적이지 않은 사람이 되었을 테니까요. 내 안에 존재하는 그것은 생명입니다. 그것은 내 안에 들어와 자리잡고 날마다 뭔지도 모르는 것을 갈망하고 있습니다. 그것을 채우는 방법은 '하나님'뿐입니다. 내가 허락하기만 하면, 하나님은 그 녀석을 먹이시고 힘을 불어 넣으실 겁니다. 우습죠?

그렇다면 도대체 '나'라는 사람은 누구입니까? 이 편지가 형이상학적으로 흘러가도록 의도한 것은 아니지만, 내가 말하고 싶은 것은 내 안의 깊은 곳에는 하나님만 채우실 수 있는, 하나님이 주신, 하나님에 대한 굶주림이 존재한다는 것입니다. 나는 그분이 진정 깊은 곳에서 원하시는 것을 행할 때만 기뻐할 수 있습니다.

내가 정말 두려운 것은, 내가 다른 것(예를 들어 '당신')으로 하나님이 계셔야 할 자리를 대체할지도 모른다는 것입니다. 무엇인가 나에게 둘 다 가질 수 있다고 속삭입니다. 나는 이것이 싫지 않습니다. 내가 당신을 마치 하나님의 다른 한 형태로 이해함으로써, 당신과의 관계를 정당화시킬까 봐 두렵습니다.

하나님, 좀더 정확히는 예수 그리스도- 나의 영원한 연인이신 주님을 어떤 방식으로라도 거절할 것 같아 두렵습니다. 우리 사이에 어떤 감정이 교차하더라도 그리고 무슨 일이 일어나더라도 이것만은 잊지 말기로 합시다. 그분이 명령하시면 모든 것을 내려놓기로 말이에요. 나는 비둘기처럼 온유한 것과는 거리가 먼 부족하고 멍청한 사람 같아요. 주님이 나를 부르시는 음성은 너무도 섬세한데 나의 응답은 거칠기 짝이 없습니다. 다만 하나님께서 내 안에 존재하는 그분의 고난의 흔적을 보시고 기뻐하신다면 더 이상 바랄 것이 없겠습니다. 하지만 당신에게 이 글을 쓰는 지금도 너무 힘든 사실은 그분을 기쁘시게 하고 동시에 당신을 얻는 것이 서로 충돌하는 것처럼 느껴진다는 겁니다. 굳이 해명하려 들지는 않겠습니다. 단지 내 감정을 이야기하고 싶을 뿐입니다. 사실 이것도 그리 정확하지는 않지만.

당신이 떠난 후, 무엇인가가 내 영혼에서 빠져나간 듯한 느낌입니다. 기도에 대한 열정도 이틀간이나 식었지요. 내 속에서 많은 것들이 충돌을 일으키고 있었기 때문에 성벽을 쌓지 못하고 있었습니다. 느헤미야 4장 10절을 읽어보십시오. 밖에 있는 반대 세력보다는 안에 존재하는 잡음들이 더 큰 환난을 부르는 법입니다. 즉 밖에서의 '파괴'보다는 내부의 '분열'이라고 할 수 있지요. 하지만 하나님의 구원의 손길에 대한 증거가 2절의 산발랏이 조롱하는 대목에서 나옵니다. "불탄 돌을 흙

무더기에서 다시 일으키려는가?" 열심 있는 유대인들은 정말 그렇게 했습니다.

이러한 상황을 우리에게 적용시키고 잠시 생각을 해보기로 해요. 혹시 우리 또한, 한 손에는 곡괭이를 들고 다른 손에는 칼을 든 채로 집 짓기를 하려는 게 아닐까요? 그 건축물(하나님의 일)은 지어져야 합니다. 그 일 도중에 우리가 전쟁을 치러야 한다면, 어쩔 수 없이 "건물의 하단"을 더 튼튼히 해야겠지요(13절). 그리고 저는 당신에게 느헤미야가 백성들에게 한 말을 하렵니다. "이 공사는 크고 넓으므로 우리가 성에서 떨어져 거리가 먼즉 … 우리 하나님이 우리를 위하여 싸우시리라"(19-20절).

당신에게 솔직히 고백하건대, 우리 사이에 있었던 가벼운 신체적 접촉까지도 후회했습니다. 물론, 다른 사람들의 눈에는 그것이 정말 하찮았을 텐데도 말입니다. 우리가 다음에 만날 때는 더더욱 조심해야 할 것 같습니다. 그 작은 접촉들이 당신의 육체에 대한 욕구를 형성했고, 그것은 제 마음속에서 많은 것과 충돌을 일으키고 있습니다. 이런 부분에 있어서 당신이 나에게 엄격하게 했으면 합니다. 우리가 느끼는 욕망의 질이 판이하게 다른 것을 알고 있기에, 당신보다는 내가 더 간절할 테니까요. 니체는 이런 말을 했습니다. "입맛이 가장 좋을 때야말로 과식해서는 안 된다. 오래도록 사랑을 받기 원하는 자들은 다 알고 있으리라." 이번엔 다음의 문장이 무슨 뜻인지 헤아려 보십시오.

"너무도 오랫동안 여성의 내부에는 폭군과 노예가 갇혀 있었다. 이 때문에 여성은 우정을 나눌 수 있을 만한 상대가 못 된다. 그녀들은 오직 사랑만을 알 뿐이다." 빌리라는 친구에게서 들은 얘기입니다. 빌리는 신앙이 있지도 않았고(나를 좋아하긴 했지만), 영향력 있는 친구도 아니었습니다(대단히 존경받긴 했지만). 우리는 전능하신 분 앞에서 친한 동료로 만났습니다.

당신과 나의 관계도 이랬으면 좋겠습니다. 행여 살아 있는 말씀의 검으로 나를 내리치는 것을 두려워 마십시오. 나에게 연인 이상의 존재가 되어 주십시오. 이전에 우리가 함께 나누었던 말이 생각나지 않습니까? "내가 너희를 사랑한 것같이 너희도 서로 사랑하라."

하나님이 내 마음속 혼란들을 오늘 아침 씻은 듯이 없애주심에 대해서는 어떻게 감사드려야 할까요? 고백은 영혼을 건강하게 합니다. 오늘 아침, 나의 영혼에게 그것은 절대적으로 필요한 것이었습니다. 나는 모든 것을 주님께 바쳤고, 요한이 말한 "모든 죄에서 사하심"에 대한 진리는 나에게 소중한 가르침이었습니다. 너무도 멀리 있던 자에게 주님은 아름답게 "평안을 전해" 주셨습니다(엡 2:13, 17). 주님과 가까워졌다는 감사와 더불어 그 친밀함의 느낌을 표현하고 싶었는데, 리틀 플락 찬양집의 136번 노래에서 이를 잘 표현했더군요.

휘장은 찢어졌고
우리는 더 가까이 나아가네
은혜의 보좌 앞에 나아갈 때

주님의 아름다움이 나타나

그 거룩한 장소를 채우네.

베티, 진정 우리가 하나님을 좇는 데 있어 다른 곳으로 '눈 돌리지' 말았으면 합니다. 내가 얼마나 글을 못 쓰는지 가르쳐주기 위해 이 편지를 쓰는 데 소요된 시간을 알려드리겠습니다. 2시간. 그 시간 중 일부는 타이프를 치는 시간도 포함되어 있습니다.

당신도 시편 116편 8절에 나오는 것처럼 구원받았는지요? "주께서 내 영혼을 사망에서, 내 눈을 눈물에서, 내 발을 넘어짐에서 건지셨나이다."

_짐으로부터

자극적인 욕망

짐이 편지에 언급했던 "신체적 접촉", "욕망" 같은 단어들과 문구들은 모두 순결과 관련된 것이었다. 세상은 순결이라는 개념에 대해 시대에 뒤떨어지는 것이라고 하겠지만, 분명 그리스도인이 지켜야 하는 계명 중 하나이다. 그것은 결혼이라는 울타리 밖에서 성적 활동의 완전한 정지 상태를 의미한다.

그리스도인에게는 오직 하나의 법만이 존재한다. 결혼 밖에서의 성(性)은 허락되지 않으며, 결혼 안에서도 성실함을 지켜야 한다는 완전한 믿음. 이것이 '전부'다. 그 이하는 없다. '또는'이라든지, '하지만', '왜냐하면' 같은 말은 이 자리에 들어설 수 없다. 승려와 수녀들 또한 순결의 맹세를 하는데, 평생 독신으로 살아가는 그 사람들에게 역시 순결은 영구적인 것이다.

하지만 그들 중 몇몇은 이를 바꾸려 하고 있다. 보스턴 지역의 수도사들은 최근 '결혼 밖에서 이루어지는 성관계의 대안'을 연구하고 있다. 그런 것을 연구하기엔 알맞은 지역이겠지만 수도사뿐 아니라, 그 누구도 그러한 일에 시간을 낭비하는 일이 없었으면 한다. 이미 연구는 충분하기 때문이다. 보스턴에서만 매일 밤, 섹스의 대안을 찾기 위해 40여 개의 대학과 연구실들이 불을 밝히고 있다. 그러니 수도원들은 다른 일에 몰두하는 것이 더 효율적이지 않을까?

짐이 언급한 '신체적인 접촉'이란, 우리가 걸을 때 가끔 내가 짐의 팔을 잡거나, 너무 가까이 앉아서 어깨가 서로 맞닿았다든지, 그리고 언젠가 한번은 공원 벤치에서 그가 갑자기 내 무릎을 베고 누운 것을 말하는 것이리라. 나는 그때 손가락으로 짐의 머리카락을 만졌다.

순결이란, '불법적인 성적 결합에 빠지지 않은 상태'를 말한다. 누가 나에게 이것을 어겼다고 하겠는가? 하지만 우리는 사람의 법도가 아닌 하나님의 법대로 살아가고 싶었던 것이다.

같이 학교를 다녔던 그리스도인 학생들 중에는 자동차 안에서 서로를 애무하고, 캠퍼스 안에서 손을 잡고 다니며, 기숙사 안에서 공공연히 진한 키스도 하는 커플들이 있었다. 혹 초대 강사라도 오는 날이면, 질의응답 시간에는 '어디까지가 지켜야 할 선인가? 성적인 접촉으로 어디까지 괜찮은가?' 등의 질문은 꼭 있었다.

우리 또한 서로에게 강력하게 끌렸다. 우리가 함께 있을 때마다 주위엔 온통 나비가 날아다니는 듯했다. 그러한 상태였기에 아주 가벼운 접촉에도 큰 파장이 있었고, 서로 애무를 하는 상황이라든지 아니면 아주 짧은 키스에 대한 상상을 하는 것만으로도 천국을 맛보는 기분일 것 같았다.

우리는 그 선이 어딘지 모른다고 솔직하게 시인해야만 했다. 또한 우리가 그 선을 정한다 해도 그 선 안에서 언제까지 견딜 수 있느냐 하는 것도 문제였다. 우리에게 순결이란, 하나님의 뜻을 행하는 데 있어 그 어떤 방해도 되지 않을 정도의 육체적 독신주의 상태를 의미했다. 우리 안에 있는 가장 육체적이면서도 가장 자연적인 것부터 하나님께 바쳐야 하는 것이다.

그리하여 우리의 육체는 산제물이 되는 것이며, 하나님이 받으시기에 합당한 거룩하고 순결한 것이어야 한다. 하나님이 그의 아들에게 주셨던 몸은 인간의 몸과 다를 바 없었으나, 예수님이 몸을 다시 하나님께 바쳤을 때 그 몸은 인간의 것을 넘어선 초자연적인 것이 되었다. 그 육체는 여전히 인간의 자연적인 육체이기도 했지만, 하늘에 속한 거룩한 것이기도 했다. 이렇듯 하나님은 우리의 몸이 거룩하기를 원하신다.

> 너희는 자기 몸의 주인이 되어야 한다. 그것을 아끼고 존중하며 하나님을 알지 못하는 무지한 자들처럼 아무 곳에서나 육체의 쾌락을 추구하지 말지어다. 누구든지 이것과 관련하여 자기 형제를 그릇되게 하지

말 것이며, 내가 전에 강조했듯 주님께서는 죄지은 자들을 벌하시니 자신의 권리를 남용하지 말지니라. 하나님은 거룩하지 않은 자는 쓰시지 않는다. 이러한 규율을 어기는 자는 인간의 법을 무시하는 것이 아니라 성령님을 보내주신 하나님의 법을 무시하는 것이니라(살전 4:3-8, 저자 의역).

키스의 의미는?

"키스 한 번 해보지 않고 어떻게 결혼할 수 있나요?" 종종 학생들에게서 듣는 질문이다. 거기에 대한 대답은 이렇다. "그럼 키스를 하고 나면 그 사람과 결혼해야겠다는 결정이 서나요?"

육체적 관계가 결혼을 위한 전제 조건일 필요는 없다. 아브라함이 종을 시켜 아들 이삭을 위한 아내감을 찾아오라고 했을 때, 아브라함은 육체적 결합과 관련된 문제에 대해서는 염두에 두지 않았다. 다만 종에게 신붓감의 가치관과 사람 됨됨이를 따져보라고 시키는 정도였다. 종은 아주 적절한 장소를 찾아 갔다. 젊은 여자들이 많이 모이는 마을 외곽의 우물가였다. 그는 조용히 기도하며 하나님께 표적을 구했다. 자신이 물을 달라고 했을 때 낙타에게도 물을 주는 여자를 하나님의 뜻으로 알겠다고 기도한 것이다. 그는 우물가에서 인내심을 가지고 여자를 기다렸다. 룻의 시어머니 나오미 또한 룻에게 남편감을 고르는 법에 대해 상세하게 얘기해 주었고, 구체적으로 어떻게 움직이라는 지시까지 했다.

역사적으로 인간은 대다수가 중매결혼을 해왔고, 그 성공률은 오늘날처럼 '당사자가 알아서 하는' 식의 결혼보다 훨씬 더 높았다. 요 근래에 한 선교사는 북온타리오 주 인디언들을 상대로 결혼 세미나를 하고 있다고 말했다. "그들에게도 결혼과 관련하여 어려움이 있다는 말씀입니까?(내가 함께 생활했던 남미 쪽의 인디언들에게는 결혼에 관한 문제가 없었다)."

"있다마다요!" 그가 깜짝 놀라며 말했다. "그들이 백인들의 결혼풍습을 따라 중매결혼을 그만두고부터는 문제가 참 많이 생겼습니다." 앞으로도 우리 사회에서 중매결혼이 다시 대세가 되는 날은 아마 오지 않을 것이다. 이미 지금처럼 자기 짝을 찾는 방식에 익숙해져 버린 것이다.

그렇지만 배우자가 될 사람의 됨됨이를 알아보는 방법은 많이 있다. 대학 캠퍼스만큼 사람의 특성을 잘 관찰할 수 있는 곳도 없다. 나 역시 어느 정도 거리를 두고 상대방이 눈치 채지 못하게, 짐 엘리엇이란 사람을 관찰할 수 있었다.

내가 관찰한 것들은 다양하다. 짐은 친절하며 열정적인 사람이었다. 또 그가 어떤 부류의 학생이었는지도 확인했다. 짐은 레슬링 선수이자, 4개의 주를 대표하는 챔피언이었다. 그는 해외 선교교우회를 인도했다. 기도하는 것도 들어 보았다. 짐은 꾸밈

없는 남자였다. 거만함 같은 것은 찾아볼 수 없었으니까. 짐은 몇 년간 바지 몇 벌을 돌려가며 입었고 상의는 늘 같은 스웨터에 점퍼 차림이었다. 옷을 사는 데는 관심이 없는 것 같았다. 패션 감각이나 화려함은 없었지만 그렇다고 지저분하거나 추레하진 않았다. 내가 굳이 옷 입는 센스가 없는 남자를 원한 건 아니었지만, 어쨌든 짐의 최고 관심사가 옷이 아니란 것은 확실했다.

대화를 하면서 조금씩 가까워질수록 나의 직감이 사실로 드러났다. 짐이 나한테 관심을 보이기 오래전부터 사실 나는 짐을 결혼 상대자로 점찍어 놓고 있었다. 손도 안 잡아보고, 키스 같은 것은 물론 안 했지만 그가 내가 찾던 사람이라는 것은 충분히 알 수 있었던 것이다(누구든 손잡고 키스할 수는 있는 것이지만). 만약 스킨십이 배우자를 고르는 데 있어서 끼치는 영향력이 있다면, 중요한 단점 하나를 발견하는 정도일 것이다. 나는 세상 물결을 헤쳐나갈 수 있는 남자와 결혼하고 싶었다.

세상의 물결을 헤쳐나갈 능력이 있는 남자가 세상에 몇 명 정도는 있을 거라고 막연하게 믿었다. 또한 그런 남자들은 자기 관리가 철저한 여자와 결혼하고 싶어 할 것이다. 나는 내가 진열대 위에 전시된 상품처럼 보이는 것이 싫었다. 진열대 위에 놓인 것은 이미 다른 사람들이 들어보고 만져보고 훑고 지나간 상태이기 때문에 값이 떨어진다. 진열대 앞에는 상품을 보려는 사람들이 많이 모인다. 하지만 막상 제 값을 치르고 상품을 구입할

사람은 몇 안 되는 것이다. 끝내는 '자신이 지불한 만큼의 상품을 얻게 된다.'

주님은 당신의 손으로 나에게 강하게 임하셔서, 내가 사람들의 방법을 따르지 말 것을 이와 같이 미리 말씀하셨다. "너는 사람들이 힘들다고 말하는 것에 대해 '너무 힘들다'고 하지 말지니라. 너는 사람들이 두려워하는 것을 피하거나 무서워하지 말지니라. 네가 진정 어렵게 생각할 것은 오직 주 하나님이시며, 네가 진정 두려워할 것도 오직 전능하신 하나님뿐이시니라"(사 8:11-13, 저자 의역).

우리가 느끼는 성적 충동은 하나님이 주신 것이기 때문에 자연스러운 것이며, 따라서 그에 수반하여 나타나는 행동들 역시 건강하고 자연스럽다고 말하는 것은 너무나도 무서운 거짓말들이다.

"그렇게 좋은 느낌을 주는데 어떻게 나쁜 것이라고 할 수 있지요?"

"성적인 결합은 예배의 또 다른 형태입니다."

"성적 욕망을 억누르는 것은 무척 위험한 일입니다. 그것은 결국에 당신을 성도착이나 변태 성욕자로 몰고 갈 것입니다."

"젊을 때 그러한 열정을 억누르기는 불가능합니다."

위의 모든 주장들은 죄다 거짓말들이다.

이런 주장들을 수용하는 현대의 그리스도인은 명예를 모른다고 밖에 할 수 없다. 그들은 배우자에 대한 '충성'이나 '자기 포기', '희생' 같은 말들의 가치를 잊고 있다. 그들은 어느 것을 위해서도 실제적이고, 의지적이며, 고통스럽고, 자기부인에 이르는 대가를 지불하지 않을 것이다.

예외가 있다면 스포츠나 돈과 관련되어 있는 일 정도다. 요즘 젊은이들에게 영웅이 있다면, 바로 운동선수다. 인내와 희생 그리고 자기 관리의 표본으로 상징되는 사람들 역시 운동선수다. 어떤 사람이 편안함이나 휴가, 가족과의 시간이나 집에 들어가는 시간 등 자신이 가진 권리와 결부된 어떤 것을 포기한다면, 이는 모두 돈과 관련되어 있는 것이 현실이다. 돈을 위해서라면, 어떤 상황에 억눌리고, 집착하고, 이상하게 행동하는 것 정도는 불사한다.

우리는 이러한 세상에 살고 있다. 당신의 목표가 영혼의 순결이라면, 세상 사람들에게 조롱당할 각오가 돼 있어야 한다.

그들은 아무것도 주의하지 않는다

아무하고나 잠자리를 같이하는 이 시대에 젊은 학생들이 키스 몇 번 한 것 가지고 죄라고 단정 지을 수 있을 것인가? 통념이라면 그 어떤 것도 수용하면서 자신에 대한 통제는 어떤 것도 생각하지 않는 사람은 구름 같이 많다. 이런 와중에, 아직도 순결을 생각하는 사람들이 있을까? 내가 그런 자들이 있다고 믿지 않았다면, 나는 이 책을 쓰지도 않았을 것이다.

사람들이 '순결'을 육체의 모든 즐거움을 부정하는 청교도적인 사상과 결부하는 것을 많이 본다. 하지만 사실인즉, 청교도들은 아주 세상적인 사람들이었다. 자신들의 삶에 대한 주장들에는 강건하다. 결코 '위선적인' 사람들이 아니다('위선자'라는 이미지 또한 모든 좋지 않은 개념들의 대명사로서 순결을 주장하는 사람들과 자주 결부되는 말이다). 청교도들의 순결이나 율법은 삶 자체를 거부하는 것이 아니다. 다만, 우리에게 삶이라는 것을 주신 분과 모든 것을 연관시키는 것이다. 순결이란 모든 오염이나 더러움, 입맛을 상하게 하고, 즐거움과 힘을 빼앗는 그 어떠한 요소로부터의 해방을 의미한다. 그것은 청결함과 분명함, 즉 아무것도 더 이상 첨가되지 않은 것이다. 인공적이지 않고 창조자가 처음 계획한 그대로의 상태, 곧 '완벽하게 순수한' 상태를 의미한다.

그렇다면 키스가 죄의 범주에 든다고 말할 수 있을까? 그럴 가능성이 있다고 해야겠다. 나는 그것이 나중에 있을 어떤 즐거움에 재를 뿌리는 행위라고 말하고 싶다. 어떤 권능을 무마시킬 수 있고, 마음을 혼란케 할 가능성도 있다. 나는 바리새인으로 오해 받길 원하지 않는다. 예수님은 형식적인 바리새인들을 질책하셨다. 그들은 알고 있는 것은 많았지만, 그 지혜를 삶에 적용하지는 않았다. 하나님에게서 마음이 떠나버린 형식적인 예배는 가치가 없었다. 언제나 가장 중요한 것은 자기 마음의 중심이 어디에 가 있느냐는 것이다. 하나님은 우리 마음의 중심이 어디에 있는지 알고 계신다. 우리는 남도 속일 수 있고, 우리 자신도 속일 수 있지만, 우리의 마음을 읽으시는 그분은 더욱 속일 수 없다.

"우상의 제물에 대하여는 우리가 다 지식이 있는 줄을 아나 지식은 교만하게 하며 사랑은 덕을 세우나니… 또 누구든지 하나님을 사랑하면 그 사람은 하나님도 알아 주시느니라… 음식은 우리를 하나님 앞에 내세우지 못하나니 우리가 먹지 않는다고 해서 더 못사는 것도 아니고 먹는다고 해서 더 잘사는 것도 아니니라… 그러므로 만일 음식이 내 형제를 실족하게 한다면 나는 영원히 고기를 먹지 아니하여 내 형제를 실족하지 않게 하리라"(고전 8:1-13).

짐과 내가 서로에게 거리를 둔 것은 사랑의 원리를 존중하고 있었기 때문이다. 하나님이 그 누구보다 먼저 우리를 사랑하셨고, 우리의 마음을 다른 사람에게 주기 전에 하나님께 먼저 전적으로 드리고 싶었다. 『참 그리스도인』(*Real Christianity*)이라는 책에서 윌리엄 윌버포스는 이렇게 기술하고 있다.

당신이 사랑한다는 것은 하나님의 사랑을 느껴본 경험과 그 사랑을 다른 사람들에게 행하는 정도에 따라 측정하라.

반대로 비굴함과 치사함, 탐욕은 유명무실한 그리스도인들이 행하는 것들이다. 그들은 꼭 내야만 하는 최소한의 소유물 말고는 한푼도 내놓으려 하지 않는다. 그들은 감히 행할 수 없는 일들을 빼놓고는 어떤 것도 절제하지 않는다. 당신이 그들의 잘못을 지적해서 행동을 바로잡으려 한다면 그들은 '이해 못하겠다'는 반응을 나타내곤 한다.

말하자면, 그들은 기독교를 어떤 억압의 제도 정도로 생각한다. 그 제도는 모든 자유롭고 즐거운 원리를 자신들에게서 박탈한다고 생각한다. 성경의 가르침은 사회생활을 하는 데 있어서 대부분 들어맞지 않는, 수도원의 우울한 벽에나 어울리는 것이라고 생각하고 선을 그어

버린다.

하지만 진정한 그리스도인은 스스로를 어떤 엄격한 창조자를 만족시키는 존재가 아닌, 은혜를 입은 자로 그 빚을 갚아나가는 사람이라고 생각한다. 결과적으로 그들의 신앙은 억눌려서 억지로 하는 복종이 아니라, 한 단계 높은 수준의 자유롭고 고귀한 섬김인 것이다.

이보다 더 적절한 표현은 없을 듯하다. '은혜의 빚', '자유롭고 고귀한 섬김.' 그것이 어찌 그 사람들에게 '율법'이라고 할 수 있겠는가?

남성이 여성을 사랑한다 함은 그 여성을 가장 고귀하게 여기는 것이다. 반대의 경우도 마찬가지다. 나는 하나님의 부르심을 받은 짐의 정신을 흐트러트리고 싶지 않았다. 그의 에너지를 뺏고 싶지 않았다. 어떤 식으로든 고귀한 절대자를 향한 복종에 방해물이 되고 싶지 않았다. 나에게 이것이야말로 진정한 사랑이었다. "사랑은 하나님의 법도를 지키는 것이다. 그 명령은 태초부터 우리에게 주어진 사명이었으며, 우리의 삶을 주관하는 기준이 되어야 한다."

"알았어요. 그럼 그런 사람들도 있다 칩시다. 그렇지만 모두가 그렇게 할 필요는 없지 않습니까?" 하나님은 그분의 자녀들을 각각 다른 길로 인도하신다. 하지만 그들이 지켜야 할 계명은 어느 경우에나 같은 것이다. 그분을 따르고자 하는 그분의 자녀라면.

자신을 버리고

십자가를 지고

그분을 따라야 한다.

이는 매일 하나님의 법을 따르려 노력하고, 그분이 금지한 것을 멀리 하는 것을 의미한다. 거기엔 따라가야 할 것들이 있으며, 동시에 피해가야 할 것들이 있다. 우리에게 그러한 명령들이 부담스럽게 느껴질 때도 있지만, 그 명령들은 분명히 성경에 명시되어 있다.

바울은 젊은 디모데에게 구체적인 지시를 많이 했다. 그는 디모데에게 쓸데없고 어리석은 일에는 가담하지 말 것을 당부했고, 생산성 없는 수다는 피하라고 했으며, 청년의 정욕을 피하고, 다만 의와 믿음과 사랑과 화평만을 좇으며 오직 하나님만을 따르라고 지시했다. 바울은 반복해서 쓸모없는 논쟁에 가담하지 않을 것과 자신이 가르치는 것을 몸소 행하는 전도자가 되라고 가르치고 있다.

이것은 오늘날 우리에게도 좋은 교훈이다. 복종 대신 논쟁을 하려는 자들은 내버려두어야 할 것이다. "때가 이르리니 사람이 바른 교훈을 받지 아니하며 귀가 가려워서 자기의 사욕을 따를 스승을 많이 두고 또 그 귀를 진리에서 돌이켜 허탄한 이야기를 따르리라 그러나 너는 모든 일에 신중하여 고난을 받으며 전도자의 일을 하며 네 직무를 다하라"(딤후 4:3-5).

아주 '작은' 죄

우리가 편지를 주고받은 지 몇 주가 지나서 짐은 다시 편지를 보내 "내가 원한다면 편지를 써도 된다고 하나님께서 자유함을 허락하셨습니다. 이젠 더 이상 죄책감은 없습니다"라고 했다. 한편 나는 그때까지도 마음을 정리하지 못한 상태였다.

> 당신을 향한 내 마음이 순수한 이상, 당신에게 편지를 써도 될까 하는 부담에서 자유로워졌습니다. 하지만 나의 자유가 당신에게 부담이 된다면 그것은 우리 관계에 종지부를 찍어야 한다는 일종의 증거가 되겠지요. 서로에게 해가 될까 봐 두려워 스스로 편지 쓸 자유를 허락지 않았던 것을 이제 철회합니다. 당신과 꾸준하게 편지 교환을 하고 싶습니다.
> 이제 우리의 관계가 지속될지의 여부는 당신에게 달려 있습니다. 나의 편지들이 당신에게 어떤 영향을 끼치는가는 당신이 제일 잘 알기 때문

이죠. 만일 좋지 못한 영향을 미친다면, 당신과의 결혼이나 약혼에 대한 하나님의 입장은 부정적입니다. 당신은 어느 순간에 잘라 없애야만 할지도 모르는 사랑을 키울 수 있겠는지요? 당신의 말 한마디에 따라 우리의 관계를 정리하겠습니다.

내가 짐에게 전한 한마디는 관계를 지속하자는 것이었다. 짐이 얻은 자유가 나 또한 자유롭게 했다.

하지만 짐이 대학 4학년 때, 이상한 일이 일어났다. 짐은 그 시기를 인생의 '르네상스'라고 일컬었다. 사회생활의 범위를 넓혀, 예전 같았으면 '영적이지 못한' 사람들이라고 여겨왔던 사람들과도 어울리게 된 것이다. 여성들과 데이트도 자유롭게 했고 장난기도 많이 늘었으며, 연기에 대한 자신의 애정을 배출하는 듯했다. 나는 제삼자에게 이 소식을 전해 들었고 기분이 나빴다. 그에게 대체 무슨 일이 일어난 걸까?

심리학자라면 이 질문에 쉽게 대답할 것이다. 짐은 하나님이 그저 자신을 과거의 속박 몇 가지에서 벗어나게 한 것뿐이라고 했다. 그로 인해 과거의 틀을 깰 수 있었고, 좀 더 즐겁게 사는 법을 배웠다는 것이다. 그도 그러한 자신의 행동이 조금 지나쳤다고 시인했다. 친구들이 보내온 편지에는 그가 다른 여성들과 입맞춤을 했다고 적혀 있었다. 나는 그에게 사실인지 물어 봤고, 그는 이렇게 대답했다.

나는 당신이 알고 있는 그대로 행동하고 말했습니다. 육체가 이끄는 대로. 당신에게는 '순결한 사랑'에 대해 역설하면서 다른 쪽으로는 그러한 행동들을 했습니다. 이 편지를 쓰는 내가 지금 육에 거하는지, 아니면 영에 거하는지는 당신의 판단에 맡기겠습니다. 나의 그러한 행동으로 말미암아 나의 양심이 오염되고, 당신에게 상처를 주고, 다른 사람들을 혼란스럽게 하고, 하나님의 이름에 먹칠한 점에 대해 나는 주체할 수 없는 슬픔을 느낍니다. 나의 행동과 그것이 가져온 결과에 따른 후회 등 모든 심판은 하나님께서 하실 거라고 믿습니다. 나는 어떤 고통스러운 대가를, 그것도 아주 큰 고통을 받게 되겠죠.

대부분의 남자들이 가벼운 관계보다 진지한 관계에서 더 엄격한 기준을 적용한다는 것은 처음듣는 이야기가 아니었다. 그에게는 키스한 여성들이 '아무런 의미'가 없었기에 그들을 그런 식으로 가볍게 대한 것이다.

하지만 나는 그렇지 않았다. 나는 짐에게서 완벽함을 기대했으며, 최소한 꾸준함을 바랐다. 그런데 그에게서 그러한 점을 찾지 못했다. 나 또한 완벽함을 그에게 주지 못했고, 어쨌든 그는 진심으로 회개했다.

다른 이들을 방황하게 하고 나 역시 방황한 것에 대해 어떻게 회개해야 할지 모르겠습니다. 브룩스 박사님(그 당시의 총장)이 말씀하신 것처럼, 지난 1년 동안 후회할 일을 많이 저질렀습니다. 하지만 동시에 하나님께 무한한 감사를 드립니다. 어떻게 그럴 수 있냐고요? 하지만 사실인걸요. 나는 4학년 학생들에게, 해외선교교우회 회원들에게, 다른 사람들에게, 당신에게, 그리고 하나님께 회개의 마음을 고백했습니다. 그때 비로소 마음의 안정을 되찾았습니다. 여기서 제가 더 해야 할 것이 남았다면, 기꺼이 받아들이겠습니다. 저에게 더 바라는 것이 있습니까?

내가 더 이상 무엇을 바라겠는가? 짐 엘리엇도 인간일 뿐이었다. 인간은 모두가 죄인이다. 이것은 단순한 사실이다. 그는 나의 이상형이었지만 받아들일 것은 받아들여야 했다. 그는 나에게 실망을 안겼지만, 나 또한 그에게 실망을 준 적이 여러 번 있지 않은가?

만일 우리가 죄가 없다고 말하면 스스로 속이고 또 진리가 우리 속에 있지 아니할 것이요 만일 우리가 우리 죄를 자백하면 그는 미쁘시고 의로우사 우리 죄를 사하시며 우리를 모든 불의에서 깨끗하게 하실 것이요 만일 우리가 범죄하지 아니하였다 하면 하나님을 거짓말하는 이로 만드는 것이니 또한 그의 말씀이 우리 속에 있지 아니하니라… 의로우신 예수 그리스도시라 그는 우리 죄를 위한 화목 제물이니 우리만 위할 뿐 아니요 온 세상의 죄를 위하심이라(요일 1:8-2:2).

네 번째 이야기

열정과 순결의 열매

Passion and Purity

::

결혼 후의 순결이란

꾸준히 서로를 위해 자신을 버리면서

하나님께 지속적으로 순종하는 것이다

동굴과 타오르는 모닥불

그 다음에 온 짐의 편지는 시로 시작했다.

주여, 나의 마음의 침묵을 들으소서.
내 눈에 못다 흐른 눈물이 보이십니까?
주여, 말로써 다할 수 없는 이 간절함이 들리십니까?
이 갈망함을 해갈하여 주시옵소서.
영혼에서 비롯된 이 욕망을.

영원하신 자가 내게 침묵으로 말씀하시나이다.
나의 마음은 오래 기다려온 눈물로 넘치려 하나이다.
말 못할 존경의 평온한 안식처는
내가 옛적부터 거하는 곳이지요.
영혼의 깊은 곳에 나의 침실을 만들었지요.

짐을 다시 보기까지는 일 년이라는 긴 시간이 걸렸다. 우리는 그 기간 동안 가끔 연락을 주고받았다. 그동안 나는 성경학교를 마쳤고, 그는 1949년 6월 대학을 졸업했다. 나는 캐나다 주일학교 선교회에 취직했고, 앨버타 주의 시골 동네로 파견되었다. 나에게는 인내가 필요한 시기였다. 짐은 나에게 이사야서 59장 9절을 보내주었다. "우리가 빛을 바라나 어둠뿐이요, 밝은 것을 바라나 캄캄한 가운데 행하므로."

그 무렵 앨버타에서 집으로 가는 도중 짐의 어머니로부터 편지가 왔고, 편지엔 포틀랜드에서 묵고 가라고 쓰여 있었다. 편지를 받고 난 다음 내 일기장에는 불안과 염려의 말들로 가득 찼다. '가야 할까? 가지 말아야 할까? 하나님의 인도하심이다. 아니야, 이건 짐을 잠깐이라도 보기 위한 내 결정이야. 부모님이 갑자기 보내주신 돈은 일종의 '암시'로 봐야 할까? 짐 어머니의 편지는? 내가 그곳에 가게 되면 짐은 반가워할까? 아니면 부담스러워할까?' 이런 내용 투성이었다. 나는 끝내 초대를 받아들였고, 버스에 올랐다.

시애틀에서부터는 나만큼 책을 좋아하는 선원 옆에 앉아서 여행했다. 포틀랜드까지 우리는 서로 한마디도 안 했다. 내리기 전 그는 나를 보며 말을 건넸다. "이제까지 아가씨처럼 가만히 앉아서 여행하는 사람은 처음 봤어요. 몇 시간 동안 꼼짝도 안 하셨어요. 뭐가 무섭기라도 하셨나요?" 나는 다만 초조해서 그랬을 뿐이다. 역에 도착했을 때, 나를 기다리는 사람은 아무도 없었다. 내가 가장 두려워했던 것이 현실에서 나타나는 것 같았다. 그때 그가 눈에 띄었다. 다른 버스 정류장에서 내가 탄 버스가 오기만을 기다리고 있던 그는 내게서 등을 보이고 서 있었다. 다가가서 뭐라고 말을 시킬까 망설이고 있을 때, 그가 갑자기 돌아봤다. 그러고는 친근한 미소를 지었다. "베티, 안녕!"

처음 며칠간은 가스펠 홀에서 열리는 모임에 나가는 것으로 시간을 보냈다. 그때가 마침 정례 노동절 기념 집회 기간이었고, 엘리엇가의 사람들은 주로 강단에 서거나, 뒤에서 집회를 총괄하거나 아니면 청중으로 참석했다. 그 집회가 끝날 때까지 나와 짐은 얘기할 기회가 거의 없었다.

집회가 끝난 후, 우리는 타보 산 공원으로 올라갔다. '올 것이 왔구나'라는 생각이 들었다. 하지만 이번에도 짐의 입에서는 이사야 59장에 대한 얘기뿐이었다. 하나님은 아직도 그의 마음을 돌리지 않은 것이다. 나는 어째서 어리석은 희망을 가졌던 걸까? 희망에 대해 희망하기를 버리지 못해서였을 것이다.

하루는 빨래하는 것을 거들어주고 있는데, 세탁물을 꺼내던 짐의 어머니가 갑자기 입을 열었다. "나는 엘리엇가의 남자들을 잘 알지. 그들은 절대 마음을 정하지 못해. 내가 너였다면 짐에게 지금 당장 구혼할 거야, 그렇지 않으면 다시는 기회가 없을 거라고 말하고 싶구나."

하지만 내가 어머니의 제안대로 한다면 짐의 대답은 뻔한 것이었다. 우리는 곧 헤어질 것이다. 차라리 희망을 가지고 있는 것이 낫다. 그래서인지 나는 짐의 어머니의 말에 기분이 나빠졌다. 그녀는 짐을, 짐의 아버지 그리고 두 형제와 똑같은 사람으로 여겼다. 그가 결정을 못 내려서 내가 기다리고 있다고 생각해 본 적은 없었다. 그런 나의 믿음을 그의 어머니가 흔들어놓고 있었다.

우리는 얼마 후 오리건 주의 아름다운 해변으로 피크닉을 갔다. 해변가를 거닐다가 인적이 드문 동굴을 탐험했고 수영을 했다. 저녁에는 모닥불을 피우고 나란히 앉아 해가 지는 것을 바라보았다. 느끼는 대로 말하고 싶은 유혹, 끌리는 대로 행동하고 싶은 유혹은 거의 극에 달하고 있었다. 하지만 이미 마지막 결정은 하나님께 맡기기로 오래 전부터 약속했기에 우리는 인내할 수 있었다.

이 얘기를 하는 이유는 단 하나다. 그것은 정상적인 감정과 욕구를 가지고 있는 젊은 두 사람이, 아무리 분위기가 형성되고 열정이 불타고 있어도 유혹을 이겨낼 수 있다고 말하고 싶어서다. 그 인내가 후일에 더 큰 보상을 가져온다고 믿으면 가능하다. 하지만 그들만의 힘으로는 불가능한 일이다.

"그런즉 선 줄로 생각하는 자는 넘어질까 조심하라 사람이 감당할 시험 밖에는 너희가 당한 것이 없나니 오직 하나님은 미쁘사 너희가 감당하지 못할 시험 당함을 허락하지 아니하시고 시험 당할 즈음에 또한 피할 길을 내사 너희로 능히 감당하게 하시느니라"(고전 10:12-13).

시험을 이겨내게 하시는 이는 주님이다. 경고를 간과하지 말라. 당신 안에 하나님에 대한 확신이 없다면 인적 드문 바닷가나 으슥한 곳으로 단 둘이 가지 말아야 한다. 바울은 젊은 디모데에게 "청년의 정욕을 피하고 주를 깨끗한 마음으로 부르는 자들과 함께 의와 믿음과 사랑과 화평을 따르라"(딤후 2:22)고 충고했다.

거절하는 방법

지난 달 미혼자 세미나 도중, 나에게 쪽지가 한 장 전달되었다. "당신은 어떻게 남자에게 '아니요(No!)'라고 말합니까? 어떻게 하면 안전거리를 유지할 수 있나요?"

나는 속으로 웃었다. 그 질문에 대한 답은 너무 쉬웠기 때문이다. 두 가지 방법이 있다. 말로 할 수도 있고, 몸짓으로 할 수도 있다. "아니요"라고 말하거나 물러나면 되는 것이다.

하지만 내가 말하는 이 '쉬운 답'에 대해 간혹 사람들이 그것을 '하기 쉬운' 것으로 착각하는 것을 자주 본다. 단지 이해하기 쉬울 뿐이다. 다른 말로 하면, 그저 단순한 해결책이라는 것이다. 하지만 그것을 실행에 옮기는 것은 무척 어려울 때가 있다. 거기에는 항상 기본적인 갈등이 존재하기 때문이다. '이 유혹과 싸울 것이다'와 '이 유혹에 넘어갈 것이다' 사이에. 어떤 때는 그 유혹이 너무나 아름다워보이기 때문에 나의 하나님마저 저버리게 되는 것이다.

그럴 때는 도움을 청해야 한다. 그러면 하나님께서 도움을 주실 것이다. 내가 이것을 위해 기도할 때면 가족 예배시간에 부르던 찬송가가 떠오르곤 한다.

우리 구주의 힘과 그의 위로를 빌라
주님 네 편에 서서 항상 도우시리

이 찬송의 원제목은 '유혹에 굴복하지 말지니라(Yield not to temptation)'이다. 여기서 유혹을 느끼는 것은 죄가 아니다. 다만 굴복하는 것이 죄다. 우리는 하나님께 끊임없이 평온함과 힘을 달라고 기도해야 한다. 하나님은 우리를 거부하지 않으신다. 그분은 항상 준비가 되어 있으시다. 당신이 원한다면 하나님께선 당신과 함께하실 것이다.

그럼 이것은 나의 동기가 완벽하게 순결해야 한다는 뜻일까? 내가 이전에 언급했던 갈등들을 완전히 해결해야만 한다는 뜻일까? 그랬다면 나에겐 간증이 없을 것이다. 나 또한 계속해서 그 갈등이 끓어오르는 것을 경험했다. 그럼에도 우리 두 사람의 의지는 하나님께 전달되었다. 그분은 우리를 도와주셨고, 우리와 함께하셨다.

우리가 또 단 둘이 있었던 때는 후드 산에 올라갈 때였다. 우리는 아침 일찍 차를 몰고 팀버라인 산장까지 갔다. 그러고는 그곳에서부터 걸어서 올라갔다. 점심때가 되어 물고기가 헤엄쳐 노는 시냇가 옆, 잔디에 앉아 점심을 먹었다. 저녁때는 시원한 숲속에서 잠깐 쉬기도 했다. 집으로 돌아오는 길에는 유일하게 챙겨왔던 통조림을 먹었다. 하지만 짐은 통조림 오프너를 가져오지 않아서 뚜껑을 작은 열쇠고리 칼로 열었고, 나는 통조림을 먹다가 뚜껑에 손을 베고 말았다. 아직도 내 손에는 그 상처가 남아 있다. 일주일 뒤 그의 편지엔 이렇게 쓰여 있었다.

일주일 전 이 시간에 우리는 산에서 내려오고 있었습니다. 우리는 둘 다, 그날이 우리가 함께하는 마지막 날이 될 줄 알았죠. 당신과 산 속 어두운 곳에서 통조림을 먹을 때가 마치 몇 년 전처럼 느껴집니다. 나는 산에서 내려올 때, 당신의 '엄격한 윤리관'에 대해 멍청한 말을 했지요. 그러고는 당신의 고맙다는 말을 끝으로 우리는 조용히 집으로 왔지요. 침묵 속에서 눈물을 흘리며….

아직도 당신을 여기까지 오게 한 것이 하나님의 인도하심이라고 믿습니까? 저는 그렇게 믿습니다. 저는 망설임 없이 그렇게 말할 수 있습니다. 더 나아가 나는 당신을 사랑하고 있음을 믿습니다. 하나님이 왜 이렇게 우리를 이끄시는지 나도 모릅니다. 하지만 이것만은 확실합니다. 그분이 우리를 주관하고 계심을. 나는 당신 안에 계시는 하나님이 당신의 부족함을 완벽함으로 바꾸실 것을 믿습니다(이것은 엘리엇 집안에서 나에게 갖고 있던 불만이었다. 짐은 내가 그것을 고쳤으면 했다).
그런 부분들이 당신을 화나게 하거나, 눈물이 나게 하면 시편 138편 8
절을 읽어 보십시오.

여호와께서 네게 관계된 것을 완전케 하실지라
여호와여 주의 인자하심이 영원하오니
주의 손으로 지으신 것을 버리지 마옵소서(KJV에서 옮김).

"자신을 괴롭히지 말지니라"는 말이 지난 화요일 나에게 안정을 찾아
주었습니다. 오늘도 눈물이 나려고 합니다. 오늘밤 당신의 눈은 말라
있는지요. 그것은 나로 하여금 다른 것을 떠올리게 합니다. 이처럼 너
무도 연약한 우리가 하나님께 '침묵의 늪'에서 구해 달라고 할 수 있을
까요?
버스에서 당신이 눈물 흘리는 것을 보면서(버스가 떠나기 전에 가라고
한 부탁을 듣지 않아서 미안합니다. 하지만 당신의 모습이 보이는 동
안에는 떠날 수가 없었습니다), 나는 티스데일의 '내 사랑에게 무엇을
주어야 마땅한지'라는 문구를 떠올렸습니다. '어찌 그녀에게 평생 동
안 침묵을 줄 수 있을까?'라는 문구와 더불어. 우리의 헤어짐이 되풀이
될 때마다 조금씩 더 어렵습니다. 당신과 더 이상 이런 식으로 헤어지
는 것은 원하지 않습니다.
그래서 나는 끊임없이 기도합니다. 우리가 언젠가는 맺어질 것에 대

한 어떤 확신이 없다면, 우리를 더 이상 만나지 않게 해달라고. 이 '알 수 없는 침묵'의 헤어짐은 정말 끔찍합니다. 이번 가을을 당신과 함께 보내고 싶은 마음은 간절하지만, 우리 기도는 이런 식이어야겠습니다. "주여, 어떤 확신을 주소서." 아! 더 이상 말할 수 없습니다. 이런 저의 마음을 이해하는지요?

별이 빛나는 하늘에게 나는 물었네.
내 사랑에게 무엇을 주어야 마땅한지
하늘은 내게 침묵으로 대답했네
위로부터의 침묵으로.

물고기들이 헤엄쳐 다니는
어둡고 깊은 바다에게 나는 물었네.
바다는 내게 침묵으로 대답했네
아래로부터의 침묵으로.

오, 나는 그녀에게 울음을 주고,
아니면 노래를 줄 수 있으련만
어떻게 그녀에게 침묵을 주리요?
내 평생 동안.

두 쌍의 벌거벗은 다리

짐이 느꼈다던 나의 '엄격한 윤리관'이란, 남성의 열정이 결부되어 있을 때 그 상황의 주도권이 여성에게 있음을 암시하는 것이었다. 남성은 여성이 허락하는 범위 안에서 행동하게 되어 있고, 여성이 조절하지 않는다면 아무리 남성의 윤리관이 엄격하더라도 위험한 상황이 올 수 있다는 것이다. 남성은 여러 방법으로 상대 여성을 시험하며, 그녀가 대충 어디까지 허락할 것인가를 언제나 간파하려 한다.

그렇다고 해서 그러한 눈치작전이 그 한계선까지 꼭 가보고 싶어서라고 할 수는 없다. 그것은 자신의 의무에 혼란을 느끼거나, 어떤 자존심의 문제 또는 그녀의 기준에 자신을 맞추어 나가기 위한 경우가 많다. 이러한 사실은 나의 추측이 아니라, 남성들이 직접 내게 말해온 것들이다.

어떤 때는 데이트가 끝나고 여성을 집에 바래다주며, 자신의 욕구와는 정반대로 의무적으로 키스를 해야 할 분위기가 만들어지기도 한다고 들었다. 그럴 때 여성이 그런 분위기를 반전시킨다면, 그는 오히려 안심할 것이다. 또한 남성이 키스를 하고 싶었다고 해도 그 여성이 거절한다면, 그것은 여성의 또 다른 매력으로 작용할 수도 있는 것이다.

나는 여성들에게 '거리를 두라'고 말한다. 인간은 어렵게 얻은 것들을 더 소중하게 느끼는 존재다. 쉽게 얻어지는 것들은 그만큼 값어치가 떨어지고, 나중에는 싫증나기 마련이다. 2-3년 동안 자신이 열심히 신문배달을 하며 마련한 자전거와 크리스마스 선물로 받은 자전거 중 어떤 것이 더 소중하겠는가?

이것은 우리에게 새로운 사실이 아니다. 에덴동산에서 가장 탐스럽게 느껴졌던 것은 유일하게 금지된 것이었다. 자유롭게 취하도록 허락되었던 다른 나무의 과실들은 너무나도 가볍게 취급되었다. 섹스가 점점 싫증나고 지루해지는 것은 너무 흔해졌기 때문이다. 찾는 사람들은 언제 어디서든 쉽게 구할 수 있게 된 것이다. 나중을 위해 아껴두지 않는다.

신혼 첫날밤을 위한 특별한 의식은 찾아보기 힘들다. 포코노에서 신혼부부들을 위한 숙박업을 하는 친구는 호텔 측에서 매 식사 때마다 새로운 행사나 레크리에이션을 준비해야 한다고 말해 주었다. "지루하다고 가버리면 안 되거든요. 신혼여행에서 그런 것이 빠지면 그들이 결혼 전 수없이 다녔던 여행과 다를 것이 없지요."

솔직히 나는 무척 감성적인 편이다. 내가 순결을 소중히 했던 것은 윤리관이 엄격해서만은 아니었다. 또한 기독교의 율법에 매여서만도 아니었다. 내가 순결을 소중히 간직했던 이유는 훗날을 위한 투자였다. 크리스마스 선물의 묘미는 깜짝 놀라는 즐거움에 있는 것이다. 그 선물들은 크리스마스 당일에 풀어야 그 기쁨의 의미가 있는 것이지, 그 전에 선물이 뭐인지 다 안다면 흥미가 떨어질 것이다. 나는 이런 이유로 신비스러움과 좋은 것에 대한 기대감을 추구한 것이었다.

나는 예전부터 음식을 먹을 때도 가장 맛있는 것은 제일 나중에 먹었다(이 습관은 아직도 남아 있다). 어렸을 때 엄마는 우리가 시금치를 먹지 않으면 간식을 주지 않으셨다. 나는 시금치를 정말 싫어했다. 하지만 그러했기 때문에 간식이 훨씬 맛이 있었다. 지금도 간혹 저녁 먹기 전, 남편이 나에게 초콜릿을 권할 때가 종종 있다. 나는 그것을 먹지 않는다. 초콜릿은 저녁 먹은 후에 먹는 것이기 때문이다.

나는 책의 마지막 장을 먼저 읽은 적도 없다. 모든 일에는 순서가 있고, 우리가 그 올바른 순서를 따를 때, 가장 큰 즐거움을 얻을 수 있는 것이다.

서로 깊은 사이라면 그에 맞는 말과 행동이 있고, 친구 사이에서 할 말과 행동이 따로 있는 것처럼 결혼한 부부에게 어울리는 행동이 있고, 사귀는 사이에 어울리는 행동이 있는 것이다. 모든 일에는 알맞은 시기가 있다.

> 범사에 기한이 있고
> 천하 만사가 다 때가 있나니…
> 울 때가 있고 웃을 때가 있으며
> 슬퍼할 때가 있고 춤출 때가 있으며
> 돌을 던져 버릴 때가 있고 돌을 거둘 때가 있으며
> 안을 때가 있고 안는 일을 멀리할 때가 있으며…
> 잠잠할 때가 있고 말할 때가 있으며(전 3:1-7).

요즘 들어 토요일마다 해변가나 도심의 공원에 줄지어 있던 차들이 점점 줄어가고 있는 것을 느끼는가? 과거에는 차 안에서 연인들이 키스하거나 포옹하는 장면을 쉽게 목격할 수 있었다. 하지만 이제는 그런 중간 단계를 거치는 사람들이 점점 사라져 가는 것을 느낀다. 왜? 그냥 처음부터 잠자리를 함께하면 되니까. 아무도 손가락질을 하지 않는다.

한 그리스도인 청년이 여자 친구 집에서 주말을 보내기로 하고 갔더니, 어머니가 자신의 딸과 같은 방을 쓰라고 권하는 바람에 적지 않게 놀랐다는 얘기를 들었다. 여자 친구의 부모는 둘이서 같은 방을 쓰는 것에 대해 아무렇지도 않게 생각했던 것이다.

그렇다고 내가 토요일 밤에 한적한 곳에서의 데이트를 권한다고 생각한다면 곤란하다. 나는 청소년이었을 때에도 그것에 반대했고, 지금도 반대한다. 나는 순결을 권한다. 여성과 남성 모두에게. 순결이 유지되기 위해서는 분명한 선을 그어야 한다. 그 선이 침범당하기 쉬운 환경을 왜 만들겠는가? 왜 그런 위험한 모험을 하겠는가? 자신이 충분히 참아낼 수 있는 환경에 있기도 벅찬데, 왜 굳이 견디기 힘든 유혹이 가득한 곳에 있으려고 하는가?

심리학자인 헨리 브랜트는 아들이 여자 친구와 자동차에서 데이트 하려는 걸 말렸다고 한다.

"도대체 왜 그러시는 거죠? 저를 못 믿으시나요?" 화를 내는 아들에게 그는 이렇게 말했다. "차 안에서 말이냐? 밤늦게 단 둘이서? 그런 상황이라면 나조차도 나를 못 믿는다. 그런데 너를 어떻게 믿겠니?"

C. S. 루이스는 이렇게 말했다.

내가 어릴 때, 내 주위의 개혁적인 사람들은 이렇게 말했다. "왜 이리도 얌전을 빼느냐? 우리가 우리의 열정을 인정하듯이 성 행위도 떳떳이 인정하자." 나는 당시에는 순진했기에 그런 말을 하는 사람들이 자신들이 하는 말이 무슨 뜻인지 알고 있는 줄 알았다. 하지만 나이가 먹어 가면서 그것이 정반대의 뜻임을 깨달았다.

그것은 우리가 지성인으로서 섹스만큼은 다른 어떤 본능과도 다르게 대해야 한다는 것이었다. 우리는 모든 것들은 잘 절제해야 한다고 말한다. 하지만 누군가의 목적이 '두 쌍의 벌거벗은 다리'일 때는, 그 사람 마음속의 모든 좋지 않은 믿음들이 너그럽게 용서되는 것을 본다. 그것은 마치 "과일을 훔치는 것은 잘못이지만, 복숭아를 훔친 경우에는 괜찮다"라고 말하는 것과 같다.

그의 탁월한 자기관리

캐나다로 가는 도중 짐을 만나고 일 년이 지나서야, 우리는 일리노이 주에서 이틀을 함께 보낼 수 있었다. 나의 오빠 데이브의 결혼식 때, 그와 내가 들러리를 섰다. 그날 저녁 우리는 몇 시간을 함께했다. 그러고는 또 다시 일 년이 지났다.

1951년, 짐과 그의 선교 파트너였던 피트 플레밍은 자신들의 후원자가 되어 줄 교회를 찾아 동부 지역을 여행하고 있었다. 바쁜 일정 중에도 짐은 근처에 있던 나를 위해 시간을 냈고 우리는 뉴저지의 소나무 숲으로 피크닉을 가고, 필라델피아의 한 식당에서 점심도 먹었다. 뉴욕에서도 하루를 보냈다. 우리에게는 약간 부담스러운 호텔 레스토랑에서 아침 식사를 했다. 웨이터는 메뉴판을 가져오면서 뜨거운 커피를 한 잔씩 내왔다. 아마도 그것이 우리에게는 최고 수준의 식사였을 것이다. 그러고는 시내로 가서 영화를 보았다. 영화관에서 나온 후, 높은 빌딩의 꼭

대기에 올라가 난간에 기대어 저녁 도시의 불빛들을 바라보며 우리가 가지지 못한 것들을 다시 갈망했다. 그때 짐은 나에게 하나님이 언젠가는 우리가 함께할 수 있도록 해주실 거라는 의미심장한 힌트를 주었다. 나는 그것이 내가 그렇게도 바라던 위대한 계시라고 믿으며 기다렸다. 하지만 끝내는 똑같은 결말이었다. 파란불이 아니었던 것이다.

내가 그 당시 일기장에 적어 놓았던 T. C. 업햄의 문구는 이런 것이었다. "일관적이고 의심할 수 없는 하나님의 탁월한 관리 능력에 우리의 가장 간절한 목표를 맡기고, 하나님께서 당신의 방법과 시간 안에서 그 일을 당신의 뜻대로 이루어주실 거라고 믿게 되기까지는, 자신에 대한 내적인 순교의 과정이 필요하다. 그 과정은 자기 자신이 원하는 삶에 지장을 주는 것은 물론 자아를 완전히 포기하는 상황마저 요구할 수도 있다."

모임을 마치고 나의 오빠인 필과 올케 마가렛은 나와 짐, 피트 이렇게 세 사람을 뉴햄프셔에 있는 별장으로 데려다주었다. 그때는 이미 늦은 10월이라 햇빛에 화려한 색깔을 뿜내는 단풍을 볼 수가 없었다. 겨울은 이미 성큼 다가온 상태였고, 오래된 그 집에는 제대로 된 난방 시설이 없었다.

우리는 화이트 산을 등반하기로 했다. 여기 오기 직전 레이니어 산과 애덤스 산, 세인트헬렌스 산을 연달아 등산하고 온 짐과 피트에게 화이트 산 정도는 장난이었다. 하지만 그들은 부드러움과 깊은 역사를 지닌 화이트 산의 매력을 맘껏 즐겼다.

날이 아주 흐리던 어느 날은 애머누석 길을 따라 워싱턴 산의 '구름의 호수'까지 걸어갔다. 짐은 그곳의 흐르는 강물을 가리키며 그것이 우리의 관계를 상징하는 것 같다고 말하고는, 강물이 큰 바위에서 둘로 갈라진 후 다시 합쳐지는 것을 보라고 자꾸만 말했다.

저녁때가 되어서는 모닥불을 피웠다. 그 앞에 앉아 피트는 시를 읊었고, 다른 이들은 코코아를 마시며 마시멜로를 구워 먹었다. 하나 둘 방으로 들어갔고 나와 짐은 단 둘이 남아 꺼져가는 불씨들을 바라보고 있었다. 나중에 짐이 보낸 편지에 이렇게 쓰여 있었다.

> 우리가 모닥불 앞에 앉아 있을 때 당신이 내 눈을 여러 번 피했는데, 그것이 의도적이었는지 궁금합니다. 한번은 분명히 시선을 피하려고 고개를 돌리며 모닥불을 바라보더군요. 제발 그러지 말아주십시오. 나는 당신의 모습이 좋습니다. 물론 당신의 외모만을 사랑하는 것이 아니라서 내가 장님이 된다 해도 당신을 계속해서 사랑하겠지만, 당신의 외모 또한 무관하지는 않습니다. 당신을 아무런 조건 없이 사랑하느냐고요? 그렇지는 않습니다. 당신을 너무나 많은 이유로 인해 사랑합니다. 당신의 얼굴에 대한 수많은 기억들도 그중 하나죠. 이마의 곡선과 맑은 눈… 아… 그대의 깊고도 정열적인 갈망이 담긴 조각 같은 입술…!

조급함

사랑에 빠진 여성에게 가장 어려운 것은 인내하는 것이고, 짐의 인내심은 그의 사람 됨됨이를 잘 나타내는 항목이었다.

얼마 전, 어떤 여성이 인생의 목표가 뚜렷하지 않은 사람과의 결혼을 나에게 상담해 왔다. 몇 달 후면 그들은 결혼할 예정이었다. 하지만 그는 어떤 방법으로 가정을 꾸려 나갈지에 대해 아무런 계획이 없는 상태였으며, 만약 학위를 하나 더 따야 한다면 그녀가 집안의 경제를 이끌어가야 할 상황이었다. 그녀는 자신들이 지금 겪고 있는 많은 문제들을 털어 놓으며, 남자 친구 또한 다른 사람들이 그의 결혼을 무책임한 행위로 생각하는 것 같아 고민하고 있다고 했다. 그녀는 나한테도 그렇게 생각하느냐는 날카로운 질문도 잊지 않았다(사실 나도 그렇게 생각하고 있었다). 나는 결혼을 조금 미루는 것에 대해 어떻게 생각하느냐고 물었다.

"안 돼요. 우리는 둘 다 너무 조급해서!"라고 그녀는 대답했다. '확고한 사이'라는 관계는 조급함의 한 형태다. 이 커플은 결혼을 할 준비가 되어 있지 않았다. 또한 결혼이 전제해야 할 사회적인 서약도 전무한 상태였고, 하나님께 서로를 맡길 의향도 믿음도 없었다. '일관되고 의심할 수 없는 하나님의 탁월한 관리 능력에 우리의 가장 간절한 목표를 맡기고, 그분이 그분의 방법과 시간 안에서 그 일을 그분의 뜻대로 이루실 것'이라고 믿지 않고 있었던 것이다. 그들은 준비되지 않은 상태에서 상대방이 '도망갈까 봐' 서로를 붙잡고 있는 것이다.

남성이 한 여성에게 아내가 되어 달라고 요청할 준비가 되어 있지 않다면, 그 여자가 자신에게만 관심을 쏟아야 한다고 주장할 권리가 있는가? 남자로부터 청혼을 받지 않았다면 어떤 여성이 그런 요구를 들어주겠는가? 청혼할 준비가 되어 있지 않은 남성에게는, 여성이 그에게서 어떤 속박을 느낄 필요가 없다.

"하지만 저는 그렇게 하지 못할 것 같아요. 저는 정이 많거든요."

외국 땅에서 수많은 아이들과 동역자들을 홀로 책임져야 했던 한 여성의 말을 들어보자. 그녀 혼자의 힘으론 벅찬 일이었다. 그녀는 자신이 강한 사람이라고 생각하지도 않았다. 그래서 기도했다.

우리 곁에서 거친 바람이 불고 있다면
우리의 의지를 확고히 하자.
하나님, 주의 이름을 부르는 우리의 음성을 들으소서.
우리를 하나님의 권능으로 붙들어주소서.

믿음직스러운 산맥처럼
길고 고요한 억압의 시간 중에도
신실함과 고요함으로
하나님의 오른손에 거하게 하소서.

하지만 주여,
이 힘은 우리에게서 나는 것이 아니니
이 충직함은 우리에게서 나는 것이 아니니
우리가 믿는 것은 주의 영원한 말씀이요.
주님의 살아계심이 우리의 방패이니라.

_ 에이미 카마이클 '산들이 흔들릴지라도'

나는 이제 순결한 당신을 소유하고 싶습니다

1951년 10월의 마지막 날이 다가올 즈음, 우리 가족이 머물던 뉴저지의 무어스 마을에 짐이 하루 이틀 정도 머물기 위해 왔다. 그곳에서 누군가가 우리 두 사람이 함께 있는 모습을 처음으로 찍어주었다. 나는 내 몸보다 큰 어두운 녹색 정장을, 짐은 파란 양복을 입고 있었다. 사과나무 밑에 나란히 선 우리는 우리의 의지를 확고히 하는 싸움 같은 것은 다 잊은 듯한 얼굴을 하고 있었다.

우리는 집에서 19킬로미터 정도 떨어져 있는 필라델피아의 기차역으로 가는 도중 잠깐 차를 세워놓고 울기도 했다. 짐의 마지막 일정은 필라델피아에서 열리는 모임에 가는 것이었다. 모임을 마치고 짐은 시카고로 가는 열차의 식당칸에 앉아 내게 이렇게 썼다.

일주일 내내 집회, 관광, 공부와 방문으로 쉴 틈이 없었습니다. 하지만 그동안에도 나는 당신에 대한 생각을 5분마다 해야 했습니다. 당신의 얼굴은 내가 잠들면 없어졌다가 다시 아침에 눈을 뜨면 떠올랐습니다. 지난 몇 주간 함께 했던 당신의 모습, 자세, 말투, 표정, 나누었던 포옹들이 머릿속에서 떠나지 않습니다. 또 몇 년을 기다려야 당신을 다시 만날 수 있을까요. 오늘 아침은 나에게 너무도 슬픈 아침입니다. 오늘 새벽에 동이 트는 것을 보며, 깨어나자마자 내 생각을 한다던 당신의 말을 떠올렸습니다. 그리고 나는 당신의 하얗고 가는 팔이 아무것도 안을 것이 없는 침대에서 늘어져 있는 상상을 했습니다.

이것은 우리 관계가 거쳐야 할 단계이겠지요. 피트는 내가 빨리 이런 단계에서 벗어나야 한다고 했고, 나 또한 그러기를 바랍니다. 하지만 아직까지는 이런 상태에서 헤어날 기미가 보이지 않습니다. 이제는 오래 생각할 필요도 없습니다. 베티, 나는 당신을 사랑합니다. 그 사실이 오늘 따라 절절히 느껴집니다.

토요일 날, 나의 시야에서 사라져가던 당신의 큰 눈을 잊을 수 없을 것입니다. 무정한 승무원이 나를 열차 안으로 끌어들이며 "조심하십시오!"라고 외치는 바람에 나는 당신이 보이지 않을 때까지 당신의 얼굴을 바라볼 수 있는 즐거움을 빼앗겨 버렸습니다. 나는 눈물이 마를 때까지 울었습니다.

몇 주 후, 짐은 캘리포니아에서 또 다시 편지를 보냈다.

오늘 아침 일찍 일어나서, 당신을 떠올리며 묵상을 했습니다. 기도해야 할 시간에 당신 생각을 했다는 것이 조금 마음에 걸립니다. 그렇다고 마음이 혼란스럽지는 않습니다. 이제는 당신을 사랑하는 것 또한 내 삶의 일부분이라고 확신합니다. 먹는 것과 마찬가지로 하나님도 내가 당신을 필요로 함을 아시리라 믿습니다.

내 곁에 나란히 누운 그녀가
속삭이는 소리에
잠에서 깼어요
거룩한 사랑의 기쁨에서 나와
세상의 달콤한 사랑을
목마른 여행자처럼 다시 한 번 마시라고
이렇게 달콤한 것은 맛본 적이 없어요.
사랑과 사랑 사이에는 불협화음이 있을 수 없다고
생각하는 사람은 죄를 짓게 마련이죠.
_에드워드 헨리 비커스테스의 '어제'

캘리포니아에서 포틀랜드로 간 후에는 이런 편지를 보냈다.

하나님께서 내 삶에 당신을 허락하심으로 나의 삶을 참으로 윤택하게 하셨음에 감사합니다. 클라마스 폭포에서부터 차로 500여 킬로미터를

달려오면서 나는 그분이 나의 삶을 얼마나 꽉 채우셨는지 다시금 생각했습니다. 그분은 내게 생명을 주었지요. 바다 같은, 하지만 단연코 썰물은 없는 자연, 육체, 영혼, 우정, 가족, 이 모든 것들이 풍족합니다. 그리고 또 한 가지 그것을 즐길 수 있는 여유. 그리고 그분은 물었습니다. "뭐가 부족하느냐?" 나는 대답했습니다. "부족하지 않습니다." 당신을 만나기 전까지 나는 계속 바라는 것이 있었습니다. 이제는 당신이 필요합니다. 우리가 상상할 수 없을 만큼. 그리고 진정한 의미에서 함께 있는 것은 아니지만, 우리가 서로를 더 잘 알게 되기 전, 나는 당신을 필요로 하고 있습니다. 그 미래가 우리 앞에 펼쳐져 있음을 다행으로 생각합니다. 결혼한 부부처럼 내가 지금 당신과 함께 밤을 지새우며 녹초가 되지 않는 것을 다행으로 생각합니다. 그들은 자동차 앞좌석에 함께 앉아 있어도 참을 수 있겠지요. 나는 아직도 내가 당신을 안지 못해 안달이라는 사실이 다행이라고 생각합니다. 내가 당신을 '망쳐놓지 않아서' 말입니다. 나는 당신을 오염되지 않게 했고, 그렇기에 지금 이토록 당신을 필요로 하고 있는지도 모르지요.

내 안에 있는 아직은(?) 미숙한 소년은 반문합니다. "하지만 아직 우리는 '그 경험'이 없는걸?" 물론 우리는 시간이 가면서 서로의 감촉과 냄새와 생김새에 익숙해지겠지요. 하지만 그때가 지금이 아니라서 다행입니다. 당신을 위해 나 자신을 잘 간직해야겠다는 생각을 합니다. 그것이 곧 순결을 의미한다는 것을 하나님은 아십니다. 그리고 그것이 얼마나 흔들릴지도 하나님은 아십니다.

하나님의 약속을 붙잡고 있어라

1952년 1월, 짐은 2월이면 에콰도르로 떠날 예정이었다. 한편 나는 뉴욕 브루클린의 쓰러져가는 5층 빌라에서 스페인어를 공부하고 있었다. 내가 남태평양의 작은 나라 에콰도르로 가는 것을 방해하는 몇 가지 일이 있었다. 내가 그곳으로 간다면 우리에 대한 소문이 일파만파로 퍼질 것을 알면서도 짐은 나에게 오라고 권유했다.

그는 요즘 들어 편지를 더 자주 했고, 내용 또한 사랑에 관한 속삭임이 대부분이었다.

구약성경에 나오는 이야기들을 보면 하나님께서 인간의 사랑을 인정하고 계신다는 생각이 듭니다. 그래서인지 우리는 "야곱이 라헬을 사랑했다"는 대목을 너무 무심하게 읽고 지나갑니다. "그녀가 잉태하여 아들을 낳고 그 이름을…"이라는 대목도 별로 신경쓰지 않고 지나가기는 마찬가지입니다. 그러면서 그 문장들 이면에 내재해 있는 많은 것들을 놓치고 맙니다. 그 이야기들이 암시하고 있는 감정과 정서, 고통과 만족 같은 것들을 말입니다. 그 안에는 분명 그런 감정들이 존재했습니다. 그것이 사실이라면 우리는 크게 기뻐해야 합니다. 감사하기를 잊지 말아야 합니다. 우리도 그들과 크게 다르지 않기 때문이지요.

2월 2일 늦은 밤. 짐은 나에게 캘리포니아 주 산페드로에서 전화를 걸었다. 이것이 우리의 첫 장거리 전화였다. 그 당시는 평범한 사람들이 장거리 전화를 이용할 기회가 거의 없던 시절이었다. 그의 목소리에 심장이 떨렸고, 그가 사랑한다고 했을 때는 온몸이 굳어버리는 것만 같았다. "나를 사랑해요?"라는 그의 물음에 대답하는 나의 목소리는 분명 떨고 있었다. 나는 내 마음을 표현할 생각이 없었지만 그렇다고 거짓말을 할 수도 없었다. 나는 대답했다. "이런 마음, 나 자신도 어쩔 수 없어요"라고. 그는 작별 인사를 했고 그 다음날 에콰도르로 가는 배를 탈 예정이었다.

그는 전화를 끊자마자 나에게 편지를 썼다.

1952년 2월 2일. 당신의 목소리는 내가 바라던 것이 아니었습니다. 너무 멀게 들렸고, 잔잔한 웃음소리가 들리지 않았죠. 하지만 당신의 목소리를 들을 수 있다는 사실만으로도 하나님께 감사드립니다. 우리는

9분이나 통화했습니다! 난 정말 놀랐어요. 이런 내 모습을 보고 웃을 수밖에 없었죠. 떨리지 않는 척 하면서도, 당신의 목소리를 들을 때 콩닥콩닥 뛰는 나의 심장 소리를 듣느라 아무 생각도 할 수 없었죠. 이런 내가 에콰도르의 선교사로 간다니…. 아마 당신도 나만큼 떨렸겠지만, 아무도 그것을 알아차리지 못했겠죠. 우리는 참 흥미로운 커플인 것 같습니다. 다른 사람의 눈에는 너무도 이상하게 보이겠지만 다른 사람들처럼 사랑의 종착역은 같지요. '자신도 어쩔 수 없다'고 한 말을 통해서 당신의 마음을 확인하게 되어 정말 기쁩니다.

어젯밤 꿈에 나타난 당신은 그 어느 때보다 생생했습니다. 당신의 얼굴이 가깝게 보였고 나를 초대하는 것만 같았죠. 아직까지 그대에게 키스 한 번 안 하고 나는 어떻게 견디어 온 걸까요?

1952년 2월 7일. 방금 점심과 간식을 먹고, 셔츠를 벗은 채 초록빛 선실에 앉아 있습니다. 나는 매사에 편안함을 느끼는 성격인가봐요. 어떤 때는 이러한 상황에 희열마저도 느끼지요. 그래서인지 배 안에는 방탕함에 빠져버릴 유혹이 너무나 많습니다. 점심으로 양배추, 으깬 감자, 강낭콩과 우유를 먹었습니다. 어젯밤에는 양고기 카레와 밥이었죠. 그 전에는 구운 쇠고기였습니다. 그 전에는 기억이 흐릿합니다. 하지만 전에 한번 대구를 먹었고, 모든 것이 만족스러웠던 것으로 기억합니다.

당신이 전에 언급했던 우리 사이가 소원해진 데서 오는 상실감은 이제 내게도 더는 새로운 느낌이 아닙니다. 나 역시 그 점에 대해 가끔 하나님께 말씀드립니다. 그리고 에이미 카마이클의 '주님의 집이 더욱 풍성하다면…'과 같은 글들이 큰 위로가 됩니다. 그러다가도 내가 현실적으로 아무것도 성취한 것이 없다는 깨달음이 들면 할 말이 없어져 버리지만요. 우리가 진정으로 그분을 위해 우리 자신을 부인하고 우리의 관계를 내려놓았다면, 그에 따르는 결과물을 바라는 것은 죄일까요? 그것 하나만은 희망했지만 결국 안 되더군요. 결론은 이렇습니다. 나는 하나님 나라와 그 나라의 확장, 그리고 그것이 내 삶에서 더 강력히 실현되기 위해선 지금은 혼자여야 한다는 것입니다.

나는 '천국에 있는 주님의 집이 더욱 풍성하다'는 약속에 따라, '이 땅에서 나의 집이 초라한 것'을 허락하는 셈입니다. 또한 우리가 하나님의 약속을 붙잡는 것이 맞다고 생각합니다. 물론 우리가 서로 헤어진 결과로 내가 무언가 가시적인 것을 기대했던 것은 실수입니다. 오히려 그런 가시적인 결과를 넘어서는 기쁨을 얻게 될 것을 믿습니다. 그렇기에 나는 더욱 기도에 정진하고, 하나님이 주신 사명에 더욱 충실하고, 그리고 당신이 말한 대로 '어떤 일들을 있는 그대로 무기력하게 받아들이는 일'을 삼가겠습니다.

이외에도, 나는 '아무것도 잃을 것이 없다'는 다소 철학적인 깨달음을 얻었습니다. 우리는 무언가를 함께할 때 어떤 느낌일지, 그리고 혼자서 그 일을 할 때 오는 상실감은 어떨지 상상해 봅니다. 하지만 그것은 말그대로 상상일 뿐이지 현실이 아님을 잊지 말아야 합니다. 나는 우리가 무언가를 함께하는 상상을 할 때마다 굉장한 희열을 느낍니다.

하지만 이러한 상상으로 인해 현실을 슬퍼하며 비탄에 빠지는 일이 있어서는 안 됩니다. 또한 그렇기 때문에 나는 내 것도 아닌 것을 하나님께서 빼앗아 가신 양 하나님께 불평해서도 안 될 것입니다. 게다가 우리에게 속한 것, 그것은 좋은 것이며 하나님께서 주신 것이요, 풍성케 하는 것입니다. 그리움으로 인해 우리 삶이 황폐해지지 않도록 합시다. 젊음은 순식간에 지나가고 지금 바라고 있는 것에 대한 열정과 우리 생각이 피워내는 욕망의 불길을 나도 압니다. 서른 살이 되면 젊음이 품고 있는 '가능성'들이 사라지는 것 같은 조급함 때문에 지난 시간들에 대한 후회가 더욱 일어나겠지요.

하지만 베티, 이것은 우리가 동의한 것들입니다. 우리가 드린 순종은, 육체적 고통이나 사회적 추방에 대한 것이 아닌 걱정과 후회의 감정, 우리의 생각을 저당 잡히는 것들에 대한 순종이었습니다. 우리는 마음 중심에 하나님에 대한 믿음의 깃발을 꽂았습니다. 그에 따른 결과는 주님이 책임지실 것입니다.

다른 불빛들은 희미해지고 우리는 예수님을 볼 겁니다.
우리는 그분을 보기 위해 여러 해 동안 찬양했지요.
순례의 길에 내려온 축복은 없어지고 있습니다.
그래도 우리가 슬퍼하지 않음은 그분께로 가기 때문입니다.

하나님의 허락하심과 허락지 않으심

2월 말, 짐은 드디어 에콰도르의 키토에 도착했다. 두 달 후에 나 역시 에콰도르로 갔다. 대학 동기인 도로시와 피트 역시 에콰도르로 와서 우리 네 명은 이곳의 선교사가 되었다. 나와 도로시는 아리아스 가족들과 함께 기거했고, 짐과 피트는 길 건너 세발로스씨 집에서 그 가족들과 함께 지냈다.

4년 전 대학 때 이후로는 처음으로 매일 한 번씩 볼 수 있는 때가 다시 온 것이다. 우리는 이 기회를 이용했다. 짐과 피트는 매일 내가 기거하는 집에 와서 점심을 먹었고, 함께 스페인어를 공부하기도 했다. 스페인어를 배우는 열의가 대단해서 우리는 가끔 경쟁 관계가 되기도 했다. 그리고 모두 정글로 들어가기를 희망하고 있었다. 나와 도로시는 어느 지역으로 갈 수 있을지 잘 몰랐지만, 짐과 피트는 우리의 전임 선교사였던 티드마쉬 박사님에게 키추아 인디언들이 사는 샨디아로 가겠다고 단호하게 약속했다.

키토에서 짐과 나는 많이도 걸어 다녔다. 아름다운 도시 곳곳을 탐험하며, 시장과 교회, 공원, 박물관, 인디언 공예품 가게 등 많은 곳들을 둘러봤다. 양들이 풀을 뜯는 넓은 평원에 가보았고, 가파른 산과 깊은 골짜기에도 가봤다. 거의 매일 버스를 타고 우체국으로 가서 편지가 왔는지 확인하곤 했다. 가끔은 1센트면 버스로 얼마나 갈 수 있는지를 알아보기도 했다.

우리가 함께한 4개월 동안(짐은 6개월) 스페인어 공부는 끝났다. 짐은 스페인어를 유창하게 구사했으며, 이제는 선교지로 떠날 시간이었다. 9월이 되자 짐은 당시 항공선교회 본부가 있던 쉘 메라에서 편지를 보냈다. 그는 곧 샨디아에서 가장 가까운 기차역으로 비행할 예정이었다.

동쪽으로 떠가는 구름을 거슬러 멀리 날아가는 새들의 그림자가 선명합니다. 내일이면 나도 하나님의 인도하심에 따라 감사함으로 그들을 따라갑니다. 마음 한 켠은 당신에게 돌아가고픈 약한 마음이 일지만 일은 이미 저질러졌고, 지금 다시 되돌아간다는 것은 불명예스러울 것입니다. 하나님은 나의 중심을 아시고, 내가 얼마만큼이나 마음으로부터 당신을 떠나보냈는지도 아십니다. 그리고 내가 왜 떠나는지, 또 얼마나 떠나 있을지도 하나님은 알고 계십니다.

모든 녹색 식물의 성장 과정은 받고 내어줌, 얻고 잃음, 삶과 죽음의 과정을 놀랍도록 잘 보여준다. 씨는 땅에 떨어져 죽음으로써 다시 새 생명의 원천이 된다. 갈라짐과 깨어짐을 통해서만 새싹이 나올 수 있다. 봉오리도 꽃이 나올 때가 되면 자신을 포기한다. 꽃받침은 꽃을 떨어뜨려 주고, 꽃잎이 말라 죽어야만 과실을 맺을 수 있다. 과실은 익어 땅에 떨어지고 썩음으로써 씨를 땅에 묻을 수 있게 된다.

포기하는 것이 없으면 영적인 생활을 영위할 수 없다. 우리가 거절하는 그 순간, 우리의 성장도 멈춘다. 우리가 우리에게 주어진 어떤 것이든 잡고 놔주지 않거나 포기해야 할 시간이 되었음에도 욕심을 부리거나, 하나님이 그것을 쓰시도록 허락하는 데 망설인다면 영혼의 성장은 즉시 멈추어 버린다.

여기서 실수하기가 쉽다. "하나님이 나에게 주셨다면… 그것은 내 거야!"라고. 아니다, 사실인즉 우리는 그것에 대해 그분에게 감사를 드려야 하며 다시 돌려드릴 수 있어야 한다. 포기하고, 손해 보고, 놔주다 보면 우리 자신의 진정한 모습을 찾고, 진정한 삶을 얻으며, 우리의 마음에 영광이 있을 것이다.

우리에게 주어진 자신의 모습을 도토리라고 생각해 보자. 그것은 작지만 아주 굉장한 것이다. 목적에 딱 알맞게 디자인 되었으며, 완벽하게 그 기능을 수행한다. 도토리나무의 장엄함을 생각해 보라. 하나님이 도토리를 만드실 때의 계획은 바로 그것이었다. 그분이 우리를 만드신 목적은 "그리스도의 장성한 분량이 충만한 데까지 이르도록" 하는 데 있다. 우리가 그것에 도달하기 위해서는 많은 희생과 '내어줌'이 필요하다. 우리가 도토리나무를 볼 때, 작은 도토리의 희생에 비교할 수 없음을 느낀다. 하나님의 계획을 지각하면 할수록 우리가 당장 잃는 것은 점점 작아 보일 것이다.

내가 일기를 꾸준히 쓰는 이유도 내가 잃은 것들의 작은 파편들을 모아놓기 위함이다. 나는 일기장에 다른 사람들에게 말할 수 없는 것들과 짐에게 편지로 쓰지 못할 내용들을 썼다. 그리고 짐에게도 그렇게 해보라고 권했다. 샨디아에 있는 짐에게서 편지가 왔다.

> 그 부분에 있어서 내가 당신을 실망시킬 것 같습니다. 나는 너무 많은 것을 잃고 있어요. 나는 모든 것을 기록할 재간이 없어요. 나의 많은 부분이 당신에게 썼던 편지들 속에 있고, 나머지 것들은 여기저기 흩어져 있습니다. 나는 조용히 내 마음속에 앉아, 당신이 오기만을 기다립니다. 하지만 당신 대신에 인디언들이 지나가고, 별똥별만이 지나갑니다. 마치 우리의 역사가 몇 달 전, 쉘 메라의 집에서 끝나버린 듯이.

그 편지를 읽고, 나는 생각했다. '안 돼. 더 이상은 견딜 수 없어. 나는 여기 있을 수는 없어. 안데스 산맥의 서쪽에서 짐 없이 많은 흥미로운 일들을 하고 있는 동안, 그는 반대편에서 나 없이 일을 하고 있으면 안 돼.' 그가 키토를 떠나고 몇 주가 안 되어, 나 또한 서쪽의 정글로 들어가서 아직 문자화 되지 않은 부족의 언어를 연구하기 시작했다. 나는 모든 것을 나누기 원했고 의사소통하며, 모든 것을 함께하고 싶었다.

씨앗이 주는 교훈은 아직 효과를 보지 못하고 있었다. 아마도 자기포기의 의미일 것이다. 거기엔 다른 길은 없었다. 그 '씨앗'은 항상 자신에게 무슨 일이 일어날지 모르는 상태에 있다. 지금 자신의 주위 상황만을 알 뿐이다. 떨어지고, 어두워지고, 죽고. 우리가 헤어져 있는 동안에 내가 느낀 감정들이었다. 이런 상황이 무엇을 의미하는지 아무런 단서가 주어지지 않았다.

짐이 예전에 나에게 썼던 말이 생각났다. "욕망 자체는 좋은 것입니다. 그것은 하나님께서 허락한 것이지만, 이제는 더 이상 허락되지 않는 것입니다. 물론 그분이 왜 허락하지 않으시는지에 대한 정보는 나에게 주어지지 않았습니다."

이런 와중에서도 하나님께서는 자기 부인을 통해 지혜를 얻는 은혜를 허락하셨다. 짐은 우리가 살 집에 대해서는 신경도 쓰지 않고, 임시 거처에서 당장 얼마간 쓸 가구를 만들어 사용하면서, 인디언들의 자유로운 출입을 허락했으며, 동시에 인디언들의 언어와 복음 전파, 이웃에게 갖는 의무 등을 배워나갔다. 나 또한 우리가 같이 있었다면 불가능했을 일을 맡아 했다.

하나님께서는 우리 두 사람에게 하나님의 계획을 신뢰하라고 요구하고 계셨다. 도토리나무의 뜻을 도토리가 상상할 수 없듯이, 하나님의 궁극적인 계획을 우리는 헤아리지 못한다. 도토리는 언제, 어떻게 그리고 왜라고 질문을 하면서 자신의 창조자를 괴롭히지 않고 주어진 일만 한다. 하지만 인간은 선하고 좋은 것의 정형을 거스를 수도 있는 지능과 의지 그리고 여러 종류의 욕구를 부여받았으며, 그런 우리에게 하나님은 당신을 믿으라고 요청하신다. 그분은 우리에게 "누구든지 제 목숨을 구원하고자 하면 잃을 것이요 누구든지 나를 위하여 제 목숨을 잃으면 찾으리라"(마 16:25)고 말씀하시며, 그분을 신뢰할 수 있도록 기회를 주신다.

"우리가 언제 그것을 찾을 수 있습니까?"라고 묻는 이들에게 하나님은 "나를 믿어라"고 말씀하신다.

"우리가 그것을 어떻게 찾습니까?"라고 묻는 이들에게 하나님은 "나를 믿어라"고 말씀하신다.

"왜 내가 목숨을 잃어야만 합니까?"라고 끈질기게 물으면 하나님은 말씀하신다. "도토리를 보아라. 그리고 나를 믿어라"라고.

헷갈리는 움직임

짐이 동쪽으로 가고 몇 주 후에, 나는 서쪽으로 갔다. 그곳에는 콜로라도 부족 인디언들이 살고 있었는데, 나는 그들의 언어를 연구하기 시작했다. 이제 짐과 나 사이에 두 줄기의 안데스 산맥이 우리를 갈라놓고 있었다.

내가 편지를 쓰면, 그 편지는 도로시와 내가 머물고 있던 산 미구엘에서 산토 도밍고까지 나귀 등짐에 실려간 후, 그곳에서부터 다시 바나나 트럭에 실려 키토까지 가야만 했다. 그런 다음 쉘 메라를 거쳐 파노까지 가는 비행기나 자동차가 있을 때까지 그곳에서 며칠이고 기다려야 한다. 활주로가 있는 파노에서부터는 인디언들이 편지를 직접 샨디아까지 배달하는 과정이 남는다. 우리가 한번 편지를 주고 받기 위해서는 6주라는 시간이 걸렸다. 어떤 때는 짐이 보낸 편지가 나의 어느 편지에 대한 답장인지 모를 때도 있었다.

하루는 키토에서 버스를 탔는데, 내 옆에 앉은 아주 덩치가 크고 거무스레한 남자가 나를 유혹하려 했다. 나는 그 일을 편지에 써서 짐에게 보냈고, 곧 답장이 도착했다.

1952년 9월 27일

활주로에서 당신이 보낸 편지를 읽다 그 상황이 그려지자 나도 모르게 길 옆의 풀을 짓이겨 뜯어내고 있었습니다. 오늘 또다시 당신의 편지를 읽으며 이를 꽉 물었습니다. 내가 그 자리에 있었다면 아마도 장관이었을 것입니다. 어떻게 했을지는 나도 잘 모르겠지만, 어쨌든 그 자리에 내가 없었음이 다행이라는 생각이 듭니다.

다만 한 가지 두려운 것은 그 남자가 버스를 자주 타는 사람이라면, 다시 그런 일이 없을 거라고 누가 장담하겠습니까? 내가 하나님께 당신을 맡기지 않았다면 지금쯤 걱정으로 미쳐버렸을지도 모릅니다. 나는 남성의 열정을 잘 알기에, 그런 모든 일에서 하나님께서 당신을 지켜주시기를 기도하고 또 기도합니다.

또한 이런 문제에 있어서 당신이 믿을 만한 여자인 것에 감사를 드립니다. 다음번에 당신 옆자리에 멋진 남자가 앉을지언정, 나는 당신을 믿을 수 있습니다. 비록 무섭고 기분이 상할 테지만, 당신이 곧고 바르게 그 상황과 맞설 것임을 믿습니다. 그리고 이제까지 우리를 지켜주신 하나님이 우리를 저버리지 않으실 것 또한 믿습니다. 그리고 베티, 모든 것을 참을 때, 당신이 지금 인내하고 있다는 것을 상기한다면 기쁜 마음으로 할 수 있을 겁니다.

10월 8일

오! 베티, 당신에게 이 말을 어떻게 해야 할지 모르겠습니다. 우리가 여기 키토로 오고 나서부터는 당신에 대한 나의 감정이 불타오르고 있습니다. 당신과 헤어지고 난 후, 당신이 채워주던 나의 외로움이 당신을 향해 그 어느 때보다도 울부짖고 있습니다. 당신으로 말미암아 잠시나마 평화로웠던 나의 마음은 다시 전쟁을 시작했습니다.

나는 지난번 편지에서 당신에게 편지를 쓰고 또 쓰고, 계속 쓰고 싶은 열망과 그것을 조절하게 하는 어떤 것에 대해 언급했습니다. 몇 년이 한순간에 지나버렸으면 하는 정신 나간 생각마저 합니다. "왜 꼭 우리 사이에 이런 일이 일어나야 하는가?"라는 과거의 반항, 편안하게 쉴 만한 안식처에 대한 필요성을 느낍니다. 우리가 같은 강을 건너고 있으면서도 너무 멀리 떨어져 있어서, 당신이 느끼는 강물의 깊이와 내가 느끼는 강물의 깊이가 다를 수 있을까요? 그것은 하나님이 우리가 한꺼번에 가라앉지 않도록 지혜롭게 계획하신 일일까요? 이곳에 오니 모든 것이 더 예민하게 느껴집니다. 편지를 쓰는 동안에도 한숨이 나옵니다.

10월 27일

지난 보름 동안에 하나님의 축복으로 당신 꿈을 많이 꿀 수 있었습니다. 다시 그 꿈을 떠올리려 하지만 이제는 그저 유쾌한 기분만을 남긴 채 기억 속으로 흩어졌습니다. 아침에 눈을 뜰 때 내 옆에 당신이 없다는 것을 깨닫고는 고통스러웠던 적이 종종 있습니다. 그럼에도 성령 하나님은 나의 의지에 대한 지각을 통해 평온함을 주시고, 나는 아주 자유롭게 당신에 대한 감정에 대해 성령님께 자주 상담하곤 합니다. 그리고 이렇게나 좋아하는 나에게 당신을 끈질기게도 허락하시지 않는 하나님께 의문을 제기하곤 하지요. 마지막으로 하나님이 나에게 주시는 모든 것들을 당신에게도 주셨으면 하고 기도합니다.

12월 초에 짐은 이렇게 편지를 썼다.

내가 보낸 것 중 이 편지가 당신의 생일에 가장 가깝게 도착할 것입니다. 이제 당신은 스물여섯이 되는군요. 우리가 젊음에서 점점 멀어지고 있다는 것을 느낍니다. 그렇다고 해서 두렵지는 않습니다. 당신은 5년 전이나 지금이나 내 마음속에 싱그럽고 젊게 남아 있으며, 내가 알고 있는 그 어떤 여성보다도 더 매력적입니다. 당신에 대한 나의 열정 또한 십대의 마음 그대로 항상 남아 있을 것입니다. 나의 이 마음을 6주 안에 당신에게 확인시켜 드리겠습니다.

편지를 읽고 나자 흥분되면서 동시에 실망스러웠다. 그가 '확인'시켜 준다는 의미는? 그가 크리스마스 전까지 키토로 올 수는 없을 텐데. 그런 희망을 버린 지도 이미 오래였다.

지금까지 짐은 크리스마스에 대해 신경 쓰는 것 같지 않았고, 그때 잠깐 만나는 것에 대해서도 전혀 의사표시를 안 했다. 여러 가지 정황으로 볼 때, 우리가 만날 수 있을 것 같지 않았다. 나는 '뜻이 있으면 길이 있다'라고 생각했고, 그에게 그렇게 말했다.

"하나님 앞에서 깨끗한 양심으로 물어보고 당신에게 가겠습니다. 그리고 인간적으로 가능한 모든 계획을 알려 드리겠습니다"라고 그는 대답했다. 그는 자기를 그냥 한번 믿어달라고 했다. 그는 나의 사랑 또한 믿는다고 말하며, 모든 것들을 자신에게 유리하게 해석하려고 했다. 사랑하는 사람의 입장에서는 사랑 자체를 자신에게 유리한 쪽으로 해석하려는 본능이 있다. 나는 그것을 깨닫는 데에 오랜 시간이 걸렸지만, 바울은 쉽게 설명하고 있다. "사랑은 오래 참고… 자기의 유익을 구하지 아니하며 성내지 아니하며… 모든 것을 참으며 모든 것을 믿으며 모든 것을 바라며 모든 것을 견디느니라"(고전 13:4-7).

물론 이것은 우리가 사람들을 사랑할 줄 알아야 한다는 것을 전제로 한다. 사람들은 죄인이다. 우리는 그러한 사람들을 사랑함에 있어 인내할 줄 알아야 한다. 다른 사람들이 이기적이더라도 그들에 대한 우리의 사랑은 이기적이 되어서는 안 되며, 사람들이 공격적으로 나오더라도 그들에 대한 우리의 사랑은 성

내지 말아야 할 것이다. 사람들은 실수를 하지만, 진정한 사랑은 그것을 기억하지 않는다. 사랑이 이기지 못하는 것은 없고, 사랑의 믿음을 시험하는 것들과 사랑의 인내와 희망의 걸림돌들이 있지만, 사랑은 계속해서 믿고 희망하고 인내한다. 사랑은 절대 포기하지 않는다.

결국 짐은 크리스마스에 오지 못했다. 이루어지지 못한 만남에 대한 슬픈 기억은 아직도 생생하다. 지금 생각이지만, 짐은 그날의 만남을 성사시키기 위해 노력은 했던 것 같다. 하지만 결코 어느 정도를 넘지 않았다. 다시 말해 만남을 위해 할 수 있는 모든 일을 한 것은 아니었다. 나의 이런 오해에는 근거가 있다.

하지만 지금 생각해 보면 하나님께 맡겼어야 할 일이었다. 짐은 인간의 한계를 가진 평범한 사람이었지만 하나님의 길을 걷기 위해 최선을 다하고 있었다. 그는 자신만의 길을 개척하려 하지 않았다. 나는 그 사실 하나로 마음의 평정을 찾았어야 했다. 가끔은 그랬지만 많은 경우에는 그러지 못했다. 짐은 피트와 티드마쉬 박사, 그리고 인디언들을 마음에 두고 있었다. 나를 만나는 것보다는 그런 일들에 우선권을 두었다. 이것만으로도 그의 마음의 중심이 어디로 향하고 있는지 알 수 있었다. 그래서 설령 내가 그를 믿지 않을 경우가 생기더라도 하나님은 그를 전적으로 신뢰하실 거라는 것도.

사무엘 러더포드는 그의 책 『그리스도의 아름다움』(*The*

Loveliness of Christ)에서 이렇게 말하고 있다. "아… 그때의 그 장소! 아… 그때 그 시점! 아… 그렇게 했더라면! 아… 그때 그렇게 했더라면 이렇게 되지 않았을 것을! 이런 식으로 당신이 다른 경우의 가능성들을 계속 붙잡고 있다면 신앙 안에서 순종하거나 인내하기는 불가능하다. 하나님과 그분의 방법만을 바라보라."

우리는 항상 하나님의 사랑에 사로잡힌 포로다. 우리는 결코 사람의 자비 아래 전적으로 있을 수 없다. 그들이야말로 '다른 경우의 가능성'들이다. 우리 주위의 두 번째, 세 번째 경우야 어떻든 간에 마지막의 가장 중요한 열쇠를 쥐고 계시는 분은 하나님이시다. 다른 말로 하면, 그분을 믿고 따르기 위해서는 다른 경우들에 대한 결정권을 다른 사람에게 양도해야 할 상황들이 있다는 것이다. 나는 내가 다른 사람에게 혹 가지고 있을 수 있는 선택에 대한 주도권을 포기하고 그 사람에게 양도하는 법을 배워야 했다. 그를 조정해서 나의 뜻대로 움직이게 하려는 욕심을 이겨내야만 했다. 나는 하나님 안에서 그를 믿어야 했다. 우리에게 무엇이 좋은지는 나보다 하나님이 훨씬 잘 아실 테니까.

연애편지

짐이 그 다음에 보낸 편지를 읽으면서, 그가 나와 함께하고 싶은 지에 대해 내가 어찌 의심했을까 하는 생각이 들었다. 그는 잠도 못 자고 있었다.

어떤 날은 당신과 함께 단 둘이 있으면 얼마나 좋을까 하고 생각하며 밤을 지새웁니다. 잠이 드는 날이면 벅찬 꿈으로 어지럽습니다. 당신과의 말다툼에서부터 포옹까지, 그리고 다른 것들도. 4시 30분까지는 괜찮았습니다. 그러다 갑자기 희망의 파편이 날아와 내 마음에서 깨지며 내게 상처를 줍니다. 나는 제발 빨리 알람시계가 울렸으면 하고 생각합니다.

'뒤틀어진 희망의 고통', '얼마나 오랫동안'에 대한 울부짖음. 어느 때는 다시 당신을 만나면 "안녕, 베티?" 하는 평정심마저 잃게 될 것 같습니다. 다른 사람들 앞에서 목소리가 갈라지거나 우리를 부끄럽게 할 행동을 할까 두렵습니다. 하지만 우리의 만남은 그 전과 다름 없겠지요. 인사를 나누고, 당신의 눈을 잠깐 쳐다보고, 악수를 하고, 별로 중요하지 않은 것에 대해 담소를 나누고. 하나님께서 나의 마음을 그때까지 잘 보존해 주신다면 나는 감사할 따름입니다. 내 평생에 단 한 번도 이래 본 적이 없습니다.

크리스마스는 그냥 지나가버렸고, 곧 1953년의 새해가 밝았다. 1월의 날들이 지루하게 지나가던 어느 날, 나는 한밤중의 말발굽 소리에 놀라 일어났다. 누군가 문을 두드렸고, 집배원이 나에게 급보를 전해 주었다. 짐이었다. 그가 지금 키토에서 나를 기다리고 있다는 것이다. 나는 동이 트자마자 말을 타고 산토 도밍고 데 로스 콜로라도스까지 쉬지 않고 달렸다. 그러곤 그곳에서 키토까지 가는 바나나 트럭을 잡아타고 가느라 10시간 동안 한숨도 못 잤다. 우리의 만남은 짐이 예견한 대로였다. 형식적인 인사, 잠깐 동안의 눈맞춤. 밤이 되자 드디어 우리는 단 둘만의 시간을 가질 수 있었다.

짐은 이 시간을 위해 5년이라는 시간을 기다렸다. 그는 그날따라 느긋하게 굴었다. 우리는 모닥불을 보며, 밀림에서의 모험담을 짧게 나누었다. 그리고 조용히 앉아 있었다. 짐은 시간을 최대한 끌고서야 드디어 말문을 열었다. 자신과 결혼해 달라고. 나는 승낙했고, 우리는 그제야 오랫동안 기다려왔던 첫 키스를 했다. 나의 약지에는 그가 준비해온 반지가 끼워졌다.

몇 주 후에 다시금 우리 사이에 안데스 산맥이 들어섰을 무렵, 그의 편지가 도착했다.

당신을 '자기'라고 부를 수 있는 것이 나에게 얼마나 큰 의미가 있는지요. 우리가 이제는 평생의 반려자라는 것과 우리의 권한과 즐거움을 상대방을 위해 포기하고, 상대방의 유익을 위해 자신의 것을 버리는 사이가 되었다는 것이 나에게 어떤 영향을 끼치는지 아시는지요? 나는 말할 수 없을 정도로 행복합니다. 당신의 사랑에 대한 책임과 권한을 양도 받은 것에 대해 하나님께 무한한 영광과 찬양을 드립니다. 당신에게는 무슨 말을 해야 할까요? 나는 잘 모릅니다. 단지, 나는 이제 당신에게 영원토록 끌릴 것이며, 어느 한쪽으로 기울어지지 않는 부드러우면서도 강력한 사랑으로 당신을 지킬 것입니다. 당신을 사랑합니다. 그것은 한때 '당신을 믿습니다'의 의미였고, 한때는 '감사하고 존경합니다'의 의미였으나, 이제는 내가 당신 안의 당신과 항상 함께하는 당신의 한 부분이라는 뜻입니다.

비가 많이 내리면서 키토에서 산토 도밍고로 가는 길목에 산사태가 일어났다. 우리가 있는 곳에는 연료와 음식물이 떨어졌고, 편지도 끊겼다. 복구 작업이 끝나고, 짐에게서 드디어 편지가 왔다.

오늘은 아주 더운 날이었습니다. 나는 두 개의 기둥 조각에도 시멘트를 다 부어넣지 못했습니다. 너무나 힘든 하루였고, 이제야 잠자리에 들었습니다.

당신이 지금 내 옆에 있었으면 합니다. 당신을 취하고 싶습니다. 오랫동안 꿈꿔 온 것처럼 당신의 옷을 벗기고, 나의 다리에 닿은 당신의 길고 가는 다리의 촉감을 느끼고 싶습니다. 상상만으로도 천국의 천둥소리가 울리는 것 같습니다! 만약 그렇다면 오늘 얼마나 숨막히는 행복을 느낄까요? 하지만 우리는 기다릴 것입니다. 당신이 말한 '완벽한' 때를 위해서. 베티, 나는 오늘 밤 당신이 필요합니다. 사랑합니다.

당신에게 푹 빠져 있는 짐으로부터.

3월 22일

당신의 몸매에 대해 내가 한때 조심성 없이 말했으나, 이제는 그것이 너무나 완벽하게 보입니다. 물론 당신의 모든 것을 볼 때, 솔로몬의 말을 되풀이 하겠지요. "내 신부야 네 사랑이 어찌 그리 아름다운지"(아 4:10). 나에게는 우리의 정혼이 이미 약속된 일이라는 사실 자체가 만족을 줍니다. 그리고 하나님께서 가장 좋은 시간에 우리에게 그것을 허락하시리라 믿고 기다립니다. 내가 얼마나 조급해 하는지 느껴지나요?

짐은 여자 친구에게 임신을 시킨 한 에콰도르인 친구의 얘기를 해주었다. 그 여성은 그에게 쉽게 응했고, 그는 그래서인지 걱정이 없었다. 그러다가 여자의 부모에 의해 체포되고, 그녀와 결혼할 수밖에 없는 처지에 놓였다. 에콰도르인 친구는 "우리나라에선 결혼이 대부분 이런 식이다"라고 얘기했다고 한다.

"어쩔 수 없는 그런 상황 때문에 결혼 후에 갖는 첫 성관계가 얼마나 억울하고 부끄러울까요? 부디 하나님께서 우리를 보존하시길 기도합니다. 후안이 어찌하여 그런 여성에게 만족을 느꼈는지 나는 이해할 수 없습니다. 당신이 그런 류의 여성이 아니라서 얼마나 다행인지요. 그대를 인하여 찬양을 드립니다. 그대를 나에게 주신 하나님의 놀라운 계획에 영광을 돌립니다."

짐은 5월에 산 미구엘로 나를 만나러 오기로 약속했다. 4월 말 그는 다시 편지를 보내왔다.

앞으로의 2주는 참 길게 느껴지겠지요. 더군다나 지금은 우기라서 하루 종일 집안에만 갇혀 있습니다. 나는 왜 피트처럼 몇 시간이고 앉아 그들의 언어를 공부할 수 없을까요? 라디오가 놓인 방에서, 강 건너편의 숲을 관찰하다가 회색 하늘을 볼 때, 나는 성난 말처럼 거칠어짐을 느낍니다. 조금 있으면 피트가 무엇을 하든 말든, 선생님이 혼자 있고 싶어 하든 말든 당신에게로 갈 것입니다. 나는 당신이 필요합니다. 그것도 아주 급하게.

오늘 밤, 우리의 사랑이 이루어질 것이라는 거대한 희망을 느낍니다.

그 어느 때보다도 당신을 사랑합니다. 지금 당신을 내 품으로 끌어들이기를 갈망하는 나의 감정은 평소의 조용한 그리움이 아닌, 자리다툼을 위한 주먹질과 고함소리입니다. 그로 인해 심장은 터질 것 같고 두 눈은 열정으로 타오르며 배가 조여올 만큼 웃음이 납니다.

이런 것을 당신이 어찌 이해하겠습니까? 이해해 주길 바라지도 않습니다. 이것은 단지 당신을 사랑하는 방법 중 하나이며, 편지를 쓰는 지금 나의 마음이 그렇습니다. 내게 있어 사랑은 항상 편안한 것만은 아닙니다. 그것은 긴장과 대담함이며, 파괴와 정복의 부르짖음입니다. 안녕히 주무세요. 나의 용감한 사랑이여. 부디, 나보다 당신을 더 사랑하시는 하나님께서 밤새 당신을 지켜주시기를 기도합니다.

우리가 기다려왔던 우리의 하나님이시라

짐은 계획대로 산 미구엘로 와서 교실에서 자면서 나와 함께 인디언들을 만나보고, 근처에 스페인어를 사용하는 백인들의 교회에 가서 설교도 해주었다.

마지막 날, 우리는 나와 도로시가 살고 있던 무너져가는 오두막의 현관 앞에 있었다. 평원에 안개가 걷히는 것을 보고 있었다. 소가 몇 마리 있었고, 말들과 흰색 물소도 한 마리 있었다. 개구리가 시끄럽게 울고 있었고, 이따금씩 새의 울음소리도 들었다. 근처의 집에서 사용하던 초롱불들이 하나 둘씩 꺼지기 시작했다. 열대 숲의 나무들 사이로 달이 떠 있었지만, 달빛은 안개로 인해 희미했다.

우리는 미래의 동쪽 정글에 세워질 우리의 집에 대해 얘기했다. 그것은 언제일까? 짐은 말할 수 없다고 했다. 우리는 결혼 날짜를 잡아놓은 상태가 아니었다. 그는 다른 두 선교사의 집을 먼저 지어주기로 약속해 놓은 상태였다. 나는 기분이 나빴다. 왜 항상 다른 사람들이 먼저인가? 하지만 내색하지는 않았다. 하나님의 제자로서 이미 질문의 대답을 알고 있었기 때문이었다.

몇 주가 지나고 그는 다시 편지를 보냈다. "탈락 강물에 목욕하러 가는 저녁이 되면 나는 그곳에 있는 언덕을 바라봅니다. 언제쯤 저 곳에 우리들의 집을 지을 수 있을까? 나의 기도는 모두 당신과 연관되어 있습니다. 우리의 결혼은 이제 매 시간 의탁드리는 것이 되었습니다. 그것을 너무나 바란 나머지 에드가 무선전보를 보내거나 피트와 떨어져 있을 때면 어떤 '대이변'을 기대하게 됩니다."

그러면서 편지엔 이렇게 적혀 있었다. "나는 요즘 매일 하나님께 우리의 사랑이 이루어질 수 있는 날이 오게 해달라고 열심히 기도하고 있습니다. 그것이 어떤 이변이 아니더라도 되니, 그저 지금 우리가 결혼하는 데 방해가 되는 몇 가지 일만 해결해 달라고요. 이미 집에 대한 욕심은 버렸습니다. 우리가 시작할 수 있는 곳이라면 어느 곳이든지 좋으니까요."

6월 말. 나는 이제까지 작업하던 콜로라도 언어 사역을 산 미구엘에 있는 두 명의 여성 선교사들에게 맡기고, 도스 리오스로 이사했다. 그곳은 샨디아에서 도보로 6시간 정도 걸리는 곳이었다. 이 결정은 짐이 요구한 결혼 요건 중 하나를 채우기 위함이었다. 그는 내가 키추아어를 배우기 원했다. 비행기 조종사는 산

256

리오스로 가기 전에, 잠깐 짐과 만나게 해주려고 나를 샨디아에 내려줄 계획이었으나 날씨가 급속도로 나빠지는 바람에 그런 모험을 할 수 없게 되었다. "당신이 나의 머리 위로 날아가는 것을 보는 것은 굉장한 고통이었습니다"라고 짐의 편지는 시작되었다. "불행하다고 생각하지는 않지만, 섭섭하기는 합니다. 나는 하나님께 원망하지 않기 위해 애썼습니다. 그분에게 더 좋은 계획이 있을 거라고 말입니다. 당신이 오면 주려고 만들어놨던 파인애플 샤베트와 바나나가 있었는데, 당신이 그냥 지나치는 것을 보고 우리끼리 먹어야 했습니다"(짐과 피트의 숙소에는 작은 냉장고가 있었다).

우리가 머물던 샨디아와 도스 리오스 사이의 우편물들은 인디언 우체부들이 배달해 주었다. 6월에 짐은 나를 찾아왔다. "침바 치와파이"(나를 강 건너편으로 데려다 주시오)라는 낯익은 외침을 듣고 나는 창문 밖을 보았고, 미샤후알리의 벼랑 끝에 서 있는 그를 보았다. 내가 강가로 뛰어나갈 즈음에, 카누를 타고 건너오는 그를 만날 수 있었다.

그가 머무르던 한 주간 동안, 키추아 인디언들을 모욕하지 않으면서 우리 둘만의 시간을 보내기란 힘든 것임을 깨달았다. 그들에게는 사귄다는 것에 대한 개념이 없었다. 결혼은 모두 제3자에 의해 결정되었으며, 결혼식이 끝나고서야 얘기를 나눌 수 있었다. 우리가 아무런 성적인 접촉 없이 단둘이 얘기하고 만나는 모습은 그들에겐 큰 충격이었을 것이다.

하루는 인디언들의 눈에 띄지 않기 위해, 나는 미샤후알리의 모래사장을 따라 걷고, 그는 내륙에서 바다로 이어지는 강줄기를 따라 올라오다가 마지막 1.6킬로미터는 수영을 해서 만났다. 또 인디언들이 잠들고 난 후(그들은 잠을 아주 일찍 잤다), 우리는 달빛이 비치는 평원에서 우거진 풀숲과 오렌지 나무 아래 숨은 채 서로를 꼭 안고 대화를 나누기도 했다. 항상 마지막에는 결혼 얘기였다. 짐은 올 11월이나 내년 1월 정도가 어떻겠냐고 물었다. 물론 그것이 성사되기에 앞서 피트의 반응과 나의 언어 실력, 그리고 아직 가보지 못한 지역으로 짐이 한 차례 더 선교를 가야 했다.

일주일 후, 짐이 그렇게도 열망하던 이변이 일어났다. 아툰 야쿠, 우리나라 말로 하면 '큰 강'이라고 불리는 산줄기의 일부분이 무너져 내리면서 그곳에 위치하고 있던 선교 본부와 활주로의 일부분이 휩쓸려 가는 사고가 일어난 것이다. 이것을 계기로 짐과 피트, 그리고 위스콘신에서 새로 온 동역자 에드 맥컬리는 하나님께 다른 계획이 있음을 확인하게 되었다. 그들은 3주 동안 걸어서 새로운 키추아 영토에 진입했다. 선교와 교육이 필요한 지역을 찾았고, 그렇게 선정된 지역에 새로 부임할 선교사로 나와 짐이 지목되었다.

그리하여 우리는 1953년 10월 8일, 키토에서 결혼식을 올렸다. 맥컬리 부부와 티드마쉬 부부가 우리의 증인이었고, 다른 사람들도 공항으로 와서 우리에게 쌀을 뿌려주었다.

파나마의 해안가가 한눈에 내려다보이는 엘 파나마 호텔에 도착한 직후, 방으로 전화가 왔다. "엘리엇 부인?" 나는 깜짝 놀랐다. 엘리엇 부인이라니! 우리 방에 혹시 필요한 것이 없느냐는 평범한 전화였다. 저녁을 먹기 위해 호텔 식당으로 내려왔다. 식사가 끝나고 커피와 디저트를 먹으면서 대화를 나누었다. 오랜만에 호화스러운 분위기에서 직접 연주하는 음악을 들으며 우리는 참 행복했다. 촛불 너머로 짐이 나를 쳐다보았다. "오늘 우리가 함께 잔다는 것이 믿어지지 않아요!"

그날 우리에게 주어진 말씀은 이사야서 25장 9절이었다. "그 날에 말하기를 이는 우리의 하나님이시라 우리가 그를 기다렸으니 그가 우리를 구원하시리로다 이는 여호와시라 우리가 그를 기다렸으니 우리는 그의 구원을 기뻐하며 즐거워하리라 할 것이며."

우리는 기다린 보람이 있었다.

사랑을 떠나 관용으로

열정과 순결에 관한 책이 결혼으로 끝나면 안 될 것이다. 결혼한 후에도 열정은 계속되며 순결 또한 유지되어야 하기 때문이다. 짐과 내가 배운 대로, 결혼 전의 순결이 하나님께 순종하며, 남녀의 관계에 있어 일정한 간격을 유지하는 것이었다면, 결혼 후의 순결이란, 꾸준히 서로를 위해 자신을 버리면서 하나님께 계속적으로 순종하는 것이다. 아직 자신의 것이 아닌 사람의 경우와 마찬가지로 이미 자신에게 주어진 사람이라 할지라도, 어떤 원리에 의한 관계가 지속되어야 한다.

그 원리는 바로 사랑이다. 감성적이고 에로틱한 의미의 사랑이 아니라, 말 그대로의 사랑이다. 관용적인 사랑. 어쩌면 옛날 말이 더 정확할지도 모르겠다. 사랑에 대한 새로운 개념은 '사랑에 빠지다'라는 이해할 수 없는 현상으로 오염되었다.

나는 한 젊은 남성을 안다. 편의상 그를 필립이라고 부르겠다. 그는 지난 5-6년 동안 사랑에 빠지기도 하고, 거기서 헤어나기도 했다. 그는 아주 멋진 남성이었고, 자신을 좋아하는 아름답고 능력 있는 여성들 사이에서 선택할 수 있었다. 요 근래에 그는 나에게 편지를 써서 자신이 다시금 사랑 놀이에 빠졌다는 사실을 알려왔다. 상대 여자의 이름을 편의상 셰릴이라고 부르기로 하자. 그는 편지에서 이렇게 말했다. "제기랄, 이번만큼은 정말 사랑에 빠진 줄 알았는데 끝내 '잘 되지' 않았어요. 내 감정을 유지할 수가 없었죠." 나의 답장은 다음과 같았다.

사랑이라는 단꿈에서 깨어나는 것. 당신도 잘 알다시피 누구나 다 겪는 일이지요. 어느 땐 결혼 전에 겪기도 하지만, 결혼 후에는 누구든지 항상 겪는 일입니다. 요즘 사람들은 그렇게 되면 결혼 서약은 잊은 채 결혼마저도 파탄을 내지요. 그전의 결혼 서약은 어리석은 실수라고 생각하면서 말입니다.

어른으로서 자신이 내린 결정에 책임을 지는 일에 대해 한마디하겠습니다. C. S. 루이스는 『순전한 기독교』라는 책에서 이렇게 말했습니다. "사랑에 빠지는 것은 좋은 일이다. 하지만 가장 좋은 일은 아니다. 그보다 더 좋은 일도 많지만, 더 나쁜 일도 많다. 결혼이 인생의 목표가 돼서는 안 된다. 그것은 고귀한 감정이지만 언제까지나 감정일 뿐이다. 어떤 감정도 항상 그대로 유지되는 법은 없다. 실제로 사랑이란 감정은 그리 오래가지 않는다. 물론 그렇다고 사랑에서 벗어나려는 사람이 사랑 자체를 부인하는 것은 아니다. 사랑은 깊은 의미의 결합이다. 의지로써 유지되며 정이 들면서 더욱 결속되어 간다. 또한 남성과 여성이 동시에 하나님께 간구하는 은혜로 더욱 강건해지는 것이다. 커플 중 한 사람이 제3자에게 또 다른 사랑의 감정을 느낀다고 해도, 그들의 사랑이 깨어지는 것은 아니다. 그 관계는 충분히 유지될 수 있다. 사랑에 빠지면서 그들은 서로에게 성실할 것을 맹세했다. 보다 조용한 사랑은 그 언약을 지키게끔 해준다. 결혼한 부부가 가동시켜야 할 사랑은 바로 이러한 사랑이다. '사랑에 빠진' 그때의 감정은 결혼이라는 관계 맺음을 시작한 촉진제에 불과하다."

그렇다면 필립, 당신은 이제 이성적으로, 아주 참한 그리스도인 여성을 찾아야 할 것입니다. 좋은 그리스도인 신붓감으로서 그녀의 자질들을 가늠해 보세요. 당신 집안의 안사람으로 들일 만한 사람입니까? 당신 아이들의 어머니로서 족합니까? 여성스럽습니까? 신앙은요? 감성적입니까? 정직합니까? 당신의 말에 귀 기울일 사람인지요?
그리고 당신의 사랑을 받기에 마땅한 사람인지, 또한 반대로 당신은 그녀의 사랑을 받을 만한 사람인지(당신이 그런 자격을 갖추었다고 스스로 생각한다면, 당신은 이미 틀렸습니다. 부부는 상대방을 자신보다 더 높이 평가해야 하니까요)도 생각해야 합니다. 두 사람의 결혼이 하나님이 정하신 일인지도 생각해야겠지요. 이 모든 것이 끝나면 하나님께 도움을 구하고 그녀를 제대로 사랑하세요.

당신은 전에 말했지요. "하나님이 우리를 어떤 방향으로 이끌어가실지는 아무도 모르는 일이다"라고. 맞는 말입니다. 그분은 당신에게 "너희는 무지한 말이나 노새같이 되지 말지어다. 그것들은 재갈과 굴레로 단속하지 아니하면 너희에게 가까이 가지 아니하리로다"(시 32:9)라고 말하고 계신지도 모르지요.

오해하지는 마세요. 나는 셰릴이라는 아가씨가 당신을 위한 그 사람인지 아닌지는 전혀 알지 못합니다. 그녀가 예쁘다는 말밖에는 못 들었지요. 그것만으로는 안 됩니다. 당신이 매일매일 아니 평생 동안 계속될 어떤 감정을 원한다면 잘못 생각하시는 겁니다. 결혼을 유지시키는 원동력은 하나님의 축복으로만 가능합니다. 그 축복이야말로 매일매일 당신이 선택해야만 하는 것이지요. 이 사실을 절대 잊지 마세요.

당신은 혼신의 힘과 능력을 다해서 좋은 신붓감을 골라야 합니다. 또한 하나님이 당신의 삶을 통해 무엇을 원하시는지도 고려해야 합니다. 『작지만 밝은 빛』(*A Slow and Certain Light*)이라는 저의 책을 읽으셨겠지요? 그런 후에 행동하세요. 당신을 위해 기도하겠습니다.

그렇다면 C. S. 루이스가 말하는 그 '조용한 사랑'은 도대체 무엇일까? 그것은 분명 열정은 아니다. 그렇다고 열정과 충돌하는 개념도 아니다.

그것은 다만 열정보다 크고, 열정을 제어하는 어떤 것이다. 아직 독신인 남성이 열정을 느낀다면 하나님에 대한 그의 사랑이 그의 열정을 제어하는 역할을 한다. 결혼을 이미 한 남성이 열정을 느끼지만, 그의 부인은 그러한 열정을 느끼지 못한다면 그의 보다 조용한 사랑이 그의 열정을 제어하는 역할을 한다. 그녀를 위해서 그리고 하나님을 위해서. 그 반대의 경우에도 마찬가지라 하겠다. 그렇게 기다려줘야 한다. 조용한 사랑으로서. 그리스도인 사이에서는 부부간의 의무와 권리에 대해 논할 때, 항상 상대방을 먼저 생각한다는 전제가 있어야 한다.

"남편은 그 아내에게 대한 의무를 다하고 아내도 그 남편에게 그렇게 할지라 아내는 자기 몸을 주장하지 못하고 오직 그 남편이 하며 남편도 그와 같이 자기 몸을 주장하지 못하고 오직 그 아내가 하나니"(고전 7:3-4).

위의 말을 다음과 같이 풀이한다면 엄청난 요구들이 뒤따를 것이다. "남편은 자신의 권리를 아내로부터 주장할 수 있다. 아내 또한 마찬가지다. 남편은 아내의 몸에 대한 권리가 있다." 우리가 앞서 말한 관용적 사랑은 이것과는 거리가 멀다. 관용은 자신을 내어주는 것이다. 관용은 이렇게 말한다. "당신의 권리를 찾으세요"라고. "나의 권리에 집착하지 않으렵니다. 당신에게 내 자신을 드리겠습니다. 당신의 의무를 강요하지 않는 상태에서."

결혼의 서약이 지켜지기 위해 이러한 관계는 꼭 필요하다. 다른 길은 없다. 남편은 집안의 가장으로서 우리의 주인 되시는 그리스도가 우리를 위해 희생하신 사실을 기억해야 할 것이다. 이것이 바로 관용이다. 남편은 복종을 요구하는 자리가 아니다. 그리스도는 교회의 머리가 되신다. 그분은 우리를 부르시고 사랑하시고, 그 자신을 희생하셨다. 그분은 그분의 의지를 강요하지 않으신다. 그분의 의지를 따르고 안 따르고는 개인의 선택에 맡겨진다. 물론 그 선택에 대한 결과는 자신이 책임져야 한다.

그렇다고 아내가 남편에게 그리스도가 교회를 사랑하시듯이, 자신을 사랑해 달라고 요구하라는 소리가 아니다. 아내의 역할은 순종하는 데 있다(기쁨으로, 자발적으로, 온 마음을 다해서). 그럼으로써 남편에게 더욱 더 사랑스러운 아내가 되는 것이다. 요한일서는 이런 주제에 딱 알맞은 말씀이다. '조용한 사랑'의 의미는 최근에 약혼을 했다는 한 여성에게서 온 편지에 잘 나타나 있다.

> 저는 요즘 사회가 제시하는 결혼과 이성관에 대한 생각과 이념들을 이해할 수 없습니다. 저에게 있어 결혼에 대한 가장 분명한 원리는 하나님이 제일 처음 제시한 그것입니다. 하나님께서는 남성을 위해 여성을 만들었습니다. 그 사실만으로도 모든 조건을 50대 50으로 딱 잘라 나누려는 요즘의 주장들은 뭔가 어색합니다.
> 저는 결혼하는 남성에게 저의 모든 것을 다 주는 단순하고도 순수한 이론을 따르렵니다. 그에게 아무것도 바라지 않은 상태에서 말입니다.

나의 인간적인 약점들과 내가 어쩔 수 없는 죄인임을 감안할 때, 나는 분명 무엇인가 원하겠죠. 나는 분명 많은 상황에서 이기적이고 조급한 불만족을 표현하겠죠. 하지만 나는 항상 내가 아는 진정한 의미의 순종을 위해 노력할 것입니다.

결혼한 지 약 10년이 넘은 조안이라는 여성은 자기희생이 무엇을 의미하는지 최근에야 알게 됐다고 고백했다. 그녀의 남편은 의사였고, 일자리를 옮길 때마다 이사를 해야만 했다. 그래서 집을 자주 내놓아야 했고, 아이들은 친구들과 정든 학교를 자주 떠나야 했다. 남편이 또 다시 이사를 준비하고 있다고 하면서 조안은 나에게 이렇게 편지를 썼다.

저는 하나님과 남편에게 이렇게 말하는 제 자신을 발견합니다. "나는 더 이상 당신들이 내 삶을 조종하는 것을 신뢰하지 못하겠어요. 차라리 내가 더 좋은 방법을 찾을 수 있을 것 같네요. 나는 벽에 걸린 액자를 떼어내고, 집 열쇠를 다른 사람에게 건네는 일이 지긋지긋해요. 더 이상은 아무것도 모르는 멍청이처럼 오라면 오고 가라면 갈 수는 없어요."
더 이상 견딜 수가 없었습니다. 시시하게 들릴지 모르겠지만 허깨비 같은 하나님의 뜻에 현실의 즐거움을 포기할 순 없었습니다. 이 일로 하나님의 뜻보다 안정적인 삶이 얼마나 더 매력적으로 보이는지 확실히 알게 되었어요. 저는 남편과 허심탄회하게 대화를 나누었습니다. 그는 이렇게 말하더군요. "이 문제로 더 이상 당신과 다투기 싫어요. 당신 뜻대로 할게요."

그 즉시 나는 미래에 대한 생각을 해보았어요. 만약 내가, 나의 주장을 고집함으로써 남편과 하나님이 가지고 있는 나의 삶에 대한 주권을 빼앗아버린다면, 그것은 나의 삶에서 가장 큰 사랑과 즐거움을 파괴하는 일이라고 생각했죠. 저는 오래전부터 이 문제를 놓고 하나님께 간구했는데, 그분은 저에게 지혜를 주셨어요. 제가 남편에게 사과를 하게 한 것이죠. "미안해요. 제가 포기할게요. 그 결정권은 당신에게 있어요. 저는 하나님의 뜻대로 되길 바라요. 그렇게 하겠어요." 여기서 나타난 것이 바로 그리스도의 삶이 아닐까요?

그 당시 저는 C. S. 루이스의 『천국과 지옥의 이혼』이라는 책을 읽고 있었어요. 시기에 딱 알맞은 책이었죠. 또한 남편과 저를 동시에 알고 있는 아주 좋은 친구가 이렇게 말했어요. "진(남편의 이름), 당신이 마음에 들지 않는 직장에 머무르기로 했고 그것이 하나님의 뜻이라면, 당신이 무엇을 해야 하는지를 하나님께서 분명히 보여줄 것이네. 그리고 조안, 당신이 아브라함과 같이 온 세상을 누비며 살기로 했고 그것이 하나님의 뜻이라면, 당신이 무엇을 해야 하는지를 하나님께서 분명히 보여줄 거예요."

당신이 언급했던 '하나님께 맡기고, 다시 들어올 것에 대한 확신 없이 나가는 행위', 그것이 내게 필요한 것이었습니다. 갈라디아서 2장 20절은 우리 부부가 가장 좋아하는 성경구절입니다. "내가 그리스도와 함께 십자가에 못 박혔나니 그런즉 이제는 내가 사는 것이 아니요, 오직 내 안에 그리스도께서 사시는 것이라 이제 내가 육체 가운데 사는 것은 나를 사랑하사 나를 위하여 자기 자신을 버리신 하나님의 아들을 믿는 믿음 안에서 사는 것이라." 우리는 나눔이라는 주제를 가장 좋아하지요.

이것이 바로 관용이다. 이러한 인간적이고, 반복적이고, 현실적이고, 구체적인 순종. 조용한 사랑이지만 오래가는 사랑. 바로 이런 것이 영원한 사랑인 것이다. 그것은 하나님의 형상대로 만들어지고 서로를 위해 주고, 존경할 줄 알며, 단순하지만 상대방을 정중히 대하는 사랑이다.

당신을 사랑에 빠지게 한 상대방이 보여주었던 인간상을 기억하라. 그 당시에는 아무런 약점이 없던 사람이지 않았던가? 솔로몬은 그의 사랑하는 사람에게 "나의 사랑 너는 어여쁘고 아무 흠이 없구나"(아 4:7)라고 말했다. 그렇다면 죄인인 남성과 여성을 보지 못하는 것은 우리가 눈이 멀었기 때문일까?

나는 오히려 그것이 하나님이 그 당시 주시는 선물이라고 생각한다. 그때 보이는 것이 바로 하나님이 그 사람을 창조하실 때 계획하셨던 그 사람의 모습이었으리라. 결혼 후에 비로소 그 사람이 죄인이라는 것을 깨닫게 된다. 그리고 당신이 상상하지 못했던 단점들도 발견하게 된다. 그럴 때, 그 사람의 처음 모습을 떠올리자. 그리고 그 사람으로 인해 하나님께 감사를 드리자. 언젠가는 하나님의 영광을 나타낼 그 사람을 그에 알맞은 존중심으로 대하자.

관용은 하나님의 사랑법이다. 우리의 열정을 조절할 수 있는 길은 그것뿐이다. 순결로 가는 길 또한 그것뿐이며, 마지막으로 참 즐거움으로 가는 길도 그것뿐이다.

예수님은 제자들과의 마지막 대화 중에서 "나의 사랑 안에 거하라"(요 15:9)는 말씀을 하셨다. 그분은 아주 솔직히 말씀하셨다. "내가 아버지의 계명을 지켜 그의 사랑 안에 거하는 것 같이 너희도 내 계명을 지키면 내 사랑 안에 거하리라"(요 15:10).

새로운 의미의 창조적인 행위

어떤 독자들은 "난 틀렸어. 이 엄격한 원리를 이제 와서 지키기엔 너무 늦었어"라고 말할지도 모른다. 그런데 우리의 변덕스러움이 그리스도인으로서 결격 사유가 되는가? 실은, 그 반대다. 예수님은 이미 늦어버린 우리를 위해 이 세상에 오셨다. 회개가 필요 없는 자들을 위해 오신 것이 아니다. "그가 찔림은 우리의 허물 때문이요 그가 상함은 우리의 죄악 때문이라"(사 53:5).

성(性)이 천국의 신랑과 순결하고 흠 없는 신부를 상징한다면 우리처럼 불결한 존재들이 어떻게 다시 시작할 수 있단 말인가? 오해하지 말았으면 한다. "미혹을 받지 말라 음행하는 자나 우상 숭배하는 자나 간음하는 자나 탐색하는 자나 남색하는 자나 도적이나 탐욕을 부리는 자나 술 취하는 자나 모욕하는 자나 속여 빼앗는 자들은 하나님의 나라를 유업으로 받지 못하리라"(고전 6:9-10). 이것은 바울이 고린도 교회의 신자들에게 보낸 내용이다. 이렇게 본다면 우리 중 누가 자격이 되겠는가?

하지만 그는 이렇게 덧붙이고 있다. "너희 중에 이와 같은 자들이 있더니 주 예수 그리스도의 이름과 우리 하나님의 성령 안에서 씻음과 거룩함과 의롭다 하심을 받았느니라"(고전 6:11).

다음 편지에서는 이렇게 얘기한다. "그리스도의 사랑이 우리를 강권하시는도다 우리가 생각하건대 한 사람이 모든 사람을 대신하여 죽었은즉 모든 사람이 죽은 것이라 그가 모든 사람을 대신하여 죽으심은 살아 있는 자들로 하여금 다시는 그들 자신을 위하여 살지 않고 오직 그들을 대신하여 죽었다가 다시 살아나신 이를 위하여 살게 하려 함이라"(고후 5:14-15).

이 말씀은 우리에게 새로운 출발점이 있다는 사실을 가르쳐 준다. 우리가 전에 어떤 사람이었는지는 우리가 하나님 안에서 지금 어떤 사람인가와 분명 구분된다. 자신을 위해 사는 것을 그만두고, 하나님을 위해 살기 바란다. 바로 지금부터. "그러므로 우리가 이제부터는 어떤 사람도 육신을 따라 알지 아니하노라 비록 우리가 그리스도도 육신을 따라 알았으나 이제부터는 그같이 알지 아니하노라 그런즉 누구든지 그리스도 안에 있으면 새로운 피조물이라 이전 것은 지나갔으니 보라 새것이 되었도다"(고후 5:16-17).

나의 친구이자 몬트리트에서 목사로 섬기고 있는 칼빈 티어맨은 스코틀랜드의 한 연로한 목사님 얘기를 해주었다. 목사님이 성찬식에서 떡과 포도주를 나누어 주던 중, 제단 옆의 난간에서 흐느끼고 있는 한 소녀를 보았다. 그리스도의 몸을 상징하는 떡을 건네주며 목사님은 "이것은 생명의 떡이니라"고 말했다. 하지만 소녀는 눈물을 머금은 채 떡을 받지 못했다. 그 목사님은 다시 조용히 말했다. "받아라 애야, 이것은 죄인을 위한 것이란다."